온리원 프로젝트

ONLYONE

온리원 프로젝트

인싸맨 김현 지음

PROJECT

노력으로 시간을 채워 나를 브랜딩하는 방법

Booksgo

온전한 나를 찾아가는
그 여정의 시작을 위하여

프랜차이즈 창업 박람회에 강연을 나가면 항상 사람들로 가득했다. 정부 기관의 희망 창업 강연도 마찬가지였다. 강연이 끝나면 담당자를 붙들고 나와의 컨설팅을 희망한다는 분들을 보기도 했다.

GDP 약 7%, 추정 시장 규모 120조 이상의 산업이지만 몇몇 안 좋은 사례나 부정적인 프레임으로 인해 대중적으로는 인식이 그렇게 좋지 못한 경우가 많은 산업, '프랜차이즈'.

하지만 큰 시장 규모만큼 생활에 워낙 밀접하다 보니 당장 창업해야 하는 사람에게는 동아줄이 되는 경우가 대부분이었고, 난 그들이 썩은 동아줄을 잡지 않도록 해야겠다는 생각으로 살아왔다. 외식 프랜차이즈 본사에서 14년 동안 실무를 거쳐 오며 서른아홉 살 가맹사업본부장의 역할을 마지막으로 지금은 프랜차이즈 콘텐츠 마케팅 사업을 시작한 지 3년 차에 접어들고 있다.

이 책에서의 Only One은 내가 사랑하는 단 한 사람이나 독보적인 위치에 있는 사람을 의미하지 않는다. 화려하고 빠르게 변해 가는 세상 속에 자신을 붙들고 서 있는 여러분 자신을 가리키는 단어다. 어떤 삶을 살아야 할지 고민하면서 현재의 회사 생활에 힘들어하는 직장인, 졸업과 취업이라는 키워드 속에서 사회에 첫발을 내딛기 위한 사회초년생을 위한 이야기다.

나 역시 평범했었다. 당장 몇 년 후가 보이지 않았으며 가진 무기도 많지 않았다. 그래서 노력했고 맨땅에 헤딩해 가며 온갖 시행착오를 겪었다. 가끔 밤하늘을 보며 내가 제대로 사는 것인지 의구심이 들 때면 누군가가 곁에서 응답해 주길 원했다. 온전한 나를 위한 조언을 늘 마음속으로 그리워했었다.

이 책을 집필하게 된 이유가 바로 그것이다. 여러분과 같은 마음이라는 것을 공감해 주는 누군가가 있음을 알려 주고 싶었다. 그 속에 내가 겪은 경험과 인사이트를 바탕으로 여러분의 길에 나침반이 되어 주고 싶었다.

이 책은 다른 화려한 책의 제목이나 유튜브의 섬네일처럼 '무조건 성공한다'를 외치지도, '이 책만 보면 월 1천만 원 수익을 벌 수 있다'라고 말하지 않는다. 이미 나라는 존재에 대해 답을 내리거나 자신의 한계를 정해 버린 사람을 위한 책도 아니며, 시중에 나와 있는 '경제적 자유'를 알려 주는 책은 더더욱 아니다.

그러나 확실한 것은 이 책의 마지막 장을 넘기는 순간, 본인 스스로에 대한 믿음과 확신이 강해진다는 것이다. 사회의 기준이나 편견에 지배당하지 않고 과거를 고정값으로 내버려 두지 않을 것이다. 그리고 그 끝에서 여러분 스스로가 하나의 브랜드로서 첫발을 내디딜 수 있는 용기가 만들어질 것이다.

야구에서는 '퍼펙트게임'이 나오지만, 인생은 그렇지 않다. 겉으로 보이는 모습이나 지위가 완벽해 보이더라도 그건 다른 사람의 삶이다. 나는 간절히 소망한다. 여러분이 '완벽'이라는 화려함을 좇는 삶을 힘들게 살기보다, 스스로가 정의한 '완성'을 추구하면서 그 과정에서 때로는 웃고 때로는 슬프기도 한 그런 삶을 살기를 원한다. 마음속에 있는 콘텐츠를 찾아가며 자기답게 살 권리를 누리길 바란다.

이 책이 여러분의 새로운 오늘에 친구가 되길, 훌륭한 조언자가 되길 바란다.

온전한 여러분을 찾아가기 위한 Only One Project
여러분은 혼자가 아니다. 이제부터 같이 시작해 보자.

INSIGHT MAN(인싸맨)
김 현

Special Bonus 창업

ONLY ONE

ONLY
ONE

미리 걱정하지 않는다는 것

겉으로는 태연하게 웃고 있지만 벗어나고 싶은 순간들이 있다.

아무렇지 않은 척하지만 속은 타들어 가는 순간들도 있다.

오늘 하루가 수많은 상황과 관계로 구성되어 있다고 생각하는 사람들이 많다. 그렇게 하루가 쌓이다 보면 어느새 나를 움직이는 주체가 '내'가 아닌 '외부 환경'이나 '타인'으로 여겨지기도 한다. 문제는 이 구간에서 출발한다. 이를 삶의 중심으로 인식하는 사람들이 많기 때문이다.

동료들과 술자리를 가지며 직장 상사를 안주 삼아 웃고 스트레스를 털어버렸다고 해도, 당장 다음 날이면 다시 시작되는 상사의 잔소리와 변하지 않는 현실에 괴로워한다.

우리는 이미 타인의 마음과 행동은 바꿀 수 없다는 것을 잘 알고 있다. 그러다 보니 타인과 상황이 만들어 내는 압박을 핑계로 자신을 스스로 가두기도 한다.

주위 환경에 대한 예민 지수가 매우 높은 나였다. 물론 지금도 그렇다. 내가 한 말에 대한 상대방의 반응을 상당히 신경 쓰며 말이나 표정 하나에 일일이 반응했다. 상대방이 나를 어떻게 받아들이고 있는지는 내게 정말 중요한 일이었다. 행여나 예상한 반응이 아닐 때는 집에 가서도 계속 끙끙거렸다.

참석한 회식 자리가 잠시라도 조용하면 그 순간도 견디지 못하는 나였기에 콘텐츠를 미리 준비했다. 유튜브에서 개그 소재가 될 만한 것을 찾기도 했고, 모인 사람들의 직업이나 환경을 생각해서 상대방이 유쾌할 수 있도록 '드립'을 준비해서 내 카톡방에 메모해 놓았다. 사석에서의 에피소드가 이 정도였으니 회사에서의 내 모습은 더 말할 것도 없겠다.

물론 나의 섬세함과 겉으로 드러나는 유쾌함을 좋아하는 사람들도 많았다. 하지만 그것이 나 자신을 얼마나 힘들게 하는 습관인지 알기까지는 그리 오래 걸리지 않았다. 남들이 생각하고 있는 나에 대한 평판과 시선을 미리 걱정하고 늘 신경 쓰며 자신을 스스로 옭아매고 있었다.

- 내가 이렇게 행동하면 상대방은 어떻게 받아들일까?
- 약속 장소에 늦을 것 같다고 양해는 구했지만, 상대방은 얼마나 기분이 나쁠까?
- 내가 연말 시험에 떨어지면 부모님은 얼마나 아쉬워할까?

걱정이 외부로 향해 있을 때도 영향을 크게 받지만, 그 화살이 나에게 향해 있을 때는 자신을 스스로 갉아먹는 강도가 더욱 심했다. 걱정하던 일이 발생하면, 그 무게감의 차이와 상관없이 자책하고 상황과 사람을 원망했다. 그리고 건드리면 안 되는 영역, 나의 '자존감'에도 의문을 가지기 시작했다.

우리는 이미 SNS나 인터넷을 통해 '내가 걱정하는 일의 90%는 일어나지 않은 일이다'라는 문구를 수없이 봐 왔다. 그런데도 걱정을 멈추지 않는 것은 관계의 알고리즘에서 우리 자신을 자유롭게 풀지 못했기 때문이다.

그래서 이런 과정을 미리 겪은 '라떼 선배'로서 고루하지만 짧은 솔루션을 제안해 볼까 한다.

너무 깊게 받아들이지 말자

우리의 마음을 하드디스크라고 생각하고, 걱정 폴더의 용량을 관리하자. 걱정이 깊을수록 차지하는 용량이 커지고 바이러스도 생길 수 있다. '이것 또한 지나가리라'만큼 위안과 친구가 되어줄 말이 없다는 것을 기억하자.

다른 것에 몰입하자

프레임 안에서 주야장천 고민하고 혼자 상상하며 술을 마신다고 나아지는 것은 아무것도 없다. 우리를 힘들게 하는 고민과 전혀 관련 없는 일에 집중해 보자. 다른 업무를 하거나 카페에 가서 멍하니 앉아 있는 것도 추천한다. 평소에 하지 않았던 생소한 환경과 취미도 좋다.

예민함의 끝을 달리는 나는 피파 축구 게임이나 스쿼시처럼 나만의 스트레스 해소법을 가지고 있다. 예전에는 서울 지하철 2호선 순환선을 아무 생각 없이 타고 한 바퀴 돌기도 하였다.

우리의 고민과 걱정이 단기적이거나 순간을 압박해 오는 것이라면, 그 마음의 공간에서 재빠르게 이탈할 수 있도록 과감하게 생각과 행동을 전환해 보자. 분명 완화에 도움이 될 것이다.

맞서라

현실로 닥쳐올 가능성이 큰 상황이라면 어쩔 수 없이 부딪히자. 내게 물리적이거나 정신적인 타격을 주는 상황이라면, 차라리 그 전 단계에서의 고민을 최소화해서 부딪혔을 때의 파장을 줄이는 것이 낫다. 한참 뒤 시간이 흘러 되짚어 보면 그런 순간들에서 느낀 쓴맛과 배움이 성장의 토대가 되는 경우가 많다는 것에 과감히 한 표를 던진다.

"마음을 잠글 줄 안다는 것은 정말 중요하다."

우리의 마음과 동기부여를 단단하게 하는 것, 가장 먼저 이야기하고 싶은 주제다. 그러고 나서 세상과 타인의 시선에서 자유로워지자. 그 내면의 힘과 외부 환경에 대한 인정이 만났을 때, 우리는 더욱 강해질 것이다.

여러분의 마음에 자신감을 심어 주길 바란다.

덜 눈치 보고

더 행동하길 원한다.

그 시작에 온 것을 환영한다.

ONLY
ONE

자기 계발에 진심인 이유

경제적 자유, 디지털 노마드, 월 1천만 원 수익

요즘 어디서나 보이는 키워드다. '자극적이다', '뜬구름 잡는 소리다' 하며 부정적으로 보는 사람들도 있지만, 나는 개인적으로 좋은 동기부여라고 본다. 특히 20대 사회초년생에게는 필수라고 강조하고 싶을 만큼 좋은 빌드업 키워드가 아닐까 한다.

어른이 되고 사회생활을 시작한 뒤부터는 적응하느라, 하루하루 살아내느라 먼 미래를 보기 어려운 상황에 있음을 알기 때문에 그렇다. 지금에 힘들어하고 매몰되는 것이 자연스러운 시기이고, 쌩쌩한 간을 앞세워 술자리를 갖는 것이 익숙한 시기이기 때문에 그렇다.

하지만 절대 간과해서는 안 되는 것이 하나가 있다. 바로 내 위치와 상태를 정확하게 이해하는 것이다. 한 마디로 비유하자면, 우리가 성장할 수 있는 땅의 지반을 튼튼하게 만드는 것이다. 무엇을 심어야 열매가 풍성하게 자랄 것인지를 고민하기에 앞서 무엇이 되었든 자라게 만드는 힘, 기본 토양을 먼저 건강하고 단단하게 다져야 한다는 것이다.

토양은 엉망인데 수확만 기대하고 씨앗을 마구잡이로 뿌리거나, 꽃이 필지도 가늠이 안 되는 어려운 씨앗을 심으면서 '경제적 자유'라는 열매까지 무작정 바란다면 그것은 욕심이다. 유튜브와 인스타그램 속의 성공 메시지를 기준으로 자신을 그들의 지점에 맞추며 낮춰 평가하거나, 무조건 월 1,000만 원의 수익이 생길 것이라는 생각에 실행 없이 클래스 수료에만 몰두하는 모습도 욕심이다.

회사에 다니든 사업을 하든 사회초년생 시절에는 '기본기'가 상당히 중요하다. 모든 사회생활의 기본인 인사부터 복장, 태도, 걸음걸이, 미팅, 예의와 같은 공통적 소양에서 출발한다. 어디에서든 써먹을 수 있는 일에 대한 접근법과 사무용 프로그램에 대한 기본적인 사용, 품의서와 보고서의 작성 요령 등과 같은 업무 스킬 등이 그렇다.

여기서 중요한 팁! 기본기와 별개로 중요한 것이 하나 더 있다.
바로 셀프 리더십Self-leadership이다.
갈대처럼 여기 갔다 저기 갔다 할 수 있는 외풍에도 끄떡없이 나의 기준과 방향을 단단하게 만드는 자기 관리와 통제를 의미한다. 그리고 자신에게 부여하는 강력한 동기부여 방법이자 평생에 걸쳐 큰 영향을 주는 핵심 성공 키워드기도 하다.

내가 하는 고민, 내가 처한 상황, 내가 속한 조직에서의 역할...

셀프 리더십을 키우면 수단이나 결과에 집착하지 않고 본질에 집중할 수 있게 한다. 스스로의 성장에 집중하게 한다.

성공한 사람들의 유튜브 영상만 무한 재생하는 것보다 '흡수력과 영양이 풍부한 나의 성장 토양'을 만드는데 이것만큼 좋은 영향을 주는 방법이 있을까 싶다.

20대 사회초년생 시절. 성공학과 자기 계발에 대한 잡지를 구독할 정도로 진심이었다.(그 당시 잡지 이름은 〈석세스 파트너〉로 기억한다) 그리고 매월 서점에 들러 협상력, 심리학 등 기본기가 될 수 있는 책과 동기부여가 될 수 있는 책을 샀다.

놀기도 많이 놀았지만, 틈틈이 독서 습관을 들였던 것은 내 위치를 정확하게 인지하고 있었기 때문이다. 신입이었던 나는 '하이퍼포머'를 목표로 할 수 없었고 하지도 않았다. 일의 전체를 알기 어려운 새내기였고, 일머리도 갖춰지지 않았기 때문이다. 시키는 일을 잘하는 것도 어려워했다. 말 그대로 의지만 강렬했다.

하지만 그 의지가 조직에서 오버페이스로 받아들여지면 곤란하다고 판단했다. 조직 내에서 좋은 첫인상을 심어 주는 것과 기본적인 태도가 좋은 사원으로 인식될 수 있는 것에 초점을 맞춰 노력하였다. 그러려면 좋은 인상을 심어 준다는 것이 어떤 것인지, 어떤 태도가 좋은 것인지, 매너 있는 직장인이 되기 위해 무엇을 갖춰야 하는지를 먼저 알아야 했다. 그것이 자기 계발 서적에 집중한 이유다.(물론 책들이 읽기 쉽다는 장점도 있었다)

> · 20대, 사회생활의 기본기를 갖추며 마인드 무장하기
> · 30대 초반, 내가 하는 일을 더 잘하기 위해 노력하기
> · 30대 후반, 내가 하는 일에 전문성을 갖고 평생 하고자 하는 '업'을 찾기

20대 사회초년생 당시 설계했던 나의 10년 로드맵이 있다. 물론 그 당시에는 지금의 모습을 예상하거나 목표하지는 않았다. 그런데도 30대까지 설계대로 이루어 올 수 있었던 것은 사회초년생 시절, 내가 가진 역량과 위치를 정확하게 이해하고, '나'라는 토양을 어떻게 다져야겠다는 생각을 한 뒤에 씨앗을 뿌렸기 때문이다.

아직 무리하지 않아도 괜찮다. 아직 완벽하지 않아도 좋다. 부족한 부분이 오히려 자연스러울 수 있는 시기이기 때문이다. 다만 지금까지 살아온 과정이나 결과물에 너무 얽매이지 않았으면 좋겠다.

가정환경, 학력, 자격증과 능력에 지레짐작 답을 내리지 말자. 우리는 지금까지의 결과만 가지고 단정짓고 답을 내리면 안 된다. 우리가 결과로 생각했던 그것은 조금만 더 시간이 흐르면 과정이 될 수 있다. 전부라고 생각했던 것이 10년 뒤에는 신경도 안 쓰는 일부가 될 수도 있다.

당장 남의 열매와 내 열매를 비교하는 것보다 중요한 것은 '나의 토양'임을 잊지 말아야 한다. 나의 토양을 단단하게 다지며 넓히는 것 그리고 내 손에 쥐어진 씨앗을 찾는 것에 집중하자.

지금 이 순간 나를 더 들여다볼 수 있는 여유부터 찾아라. 그것이 제일 먼저 해야 할 일이다.

ONLY
ONE

중요한 것은 경력이 아니다

"저 사람은 어떻게 저렇게 유명해졌을까?"

"돈도 정말 많이 벌겠다."

유튜브의 인기 채널을 운영하는 유튜버나 연예인, 게시글 하나만 올려도 반응이 뜨거운 인플루언서를 보다 보면, 저들은 어떻게 지금의 위치가 되었는지 궁금해질 때가 있다.

그러다 간혹 거기에 나를 투영하며 느끼지 않아도 될 초라함을 스스로 만들기도 한다. 반대로 나의 목표를 그들의 기준에 맞춰서 도전을 선포하기도 한다. 어떤 반응이라도 상관없다. 생각은 자유고 행동으로 옮겼다면 그것은 용기다. 결과 또한 숫자가 전부는 아니기 때문이다.

그런데 우리가 반드시 먼저 알아야 하는 중요한 포인트가 있다.

마케팅 마인드 그리고 도전 정신이다.

마케팅을 전공하지 않았기 때문에, 마케팅 부서에서 일하고 있지 않기 때문에, 큰 회사만 가능한 것 같은 브랜딩이라는 단어가 나와는 전혀 상관없어서 등의 생각을 가져도 좋다. 하지만 자꾸 '때문에'를 붙이며 현재에 정당성을 부여하고, 하지 않을 이유를 억지로 만들 필요는 없다.

마케팅과 브랜딩에는 우리가 좋아하는 일을 하게 만드는 마법 같은 힘이 있다. 그 일을 오랫동안 지속할 수 있는 비밀도 숨어 있다.

지극히 평범하고 수학을 싫어했지만(엄밀히 따지면 수학이 나를 싫어했다ㅠ), 외향적 성격의 캐릭터를 발전시키고 싶어 했던 AAA형인 나는, 사회생활을 '자동차 영업'으로 시작하였다. 강남에 있는 H자동차 대리점이었는데, 그 당시의 나는 회사 이름을 본떠서 'H자동차 김현대'로 명함을 만들었다.

자전거를 사고 세로 배너를 뒤에 꽂아서 당시 담당 영업 지역이었던 수서동과 일원동, 가락시장을 돌아다녔다.

그런데 자전거로 돌아다니다 보니 기동성에 문제가 있을 뿐만 아니라 여름에는 정말 힘들었다. 땀에 배인 옷으로 판촉은 가능했지만, 상담은 어려웠다.

그래서 모은 돈으로 스쿠터 오토바이를 샀다. 오토바이 뒷좌석에는 전화국 오토바이가 달고 다니는 큰 사각 상자를 H자동차 컬러에 맞춰서 장착하고서는 큼지막하게 'H자동차 김현대'와 연락처 스티커를 붙였다. 물론 활동성이 좋아지고 반경이 넓어졌지만, 몇 번 넘어지고 나니 무서워서 타기가 싫어졌다.

그렇게 홍보용 자동차까지 단계를 업그레이드했다. 물론 이동에 대해 자유로움은 있었으나 영업의 한계가 있었고, 그때 눈을 돌린 것이 인터넷 시장이었다.

당시만 해도 스마트폰 시대가 열리기 전이었기에 영업사원 대부분이 오프라인 영업을 하고 있었고, 일부 발 빠른 영업사원들이 50여만 원을 들여 업체가 만들어 주는 개인 홈페이지를 운영하고 있었다.

똑같은 레이아웃과 내용에 이름과 연락처만 달랐다. 그런 홈페이지들을 보고 있자니 조금만 다르게 풀면 차별화를 줄 수 있겠다는 생각이 들었다. 그래서 당시에는 적지 않은 금액인 200여만 원을 투자해서 '김현대 닷컴'이라는 홈페이지를 만들었다. 홈페이지의 구성과 기획, 카피와 소재 모두를 직접 작업해서 업체에 전달하였다.

만들기만 해서는 절대 자연스럽게 알려지지 않았다. 홈페이지 방문자 수는 매일 한 자리였다. 홈페이지를 먼저 알리는 활동이 필요했다. 그래서 지금의 파워링크 광고와 같았던 '오버추어 광고'를 독학으로 배우며 집행했다.

얼마 후 검색할 때 '김현대 닷컴'이 나오기 시작하더니 견적문의 알람이 늘어나기 시작했고, 지역도 내 영업 활동 반경을 훨씬 뛰어넘기 시작했다.

전단을 들고 뛰어다니면서 학교 교장 선생님께 대형 세단을 팔아보기도 했고, 한 달에 1,000만 원이 넘는 수익이 통장에 찍히기도 했다. 그렇게 2년여가 지나고 정확하게 94대를 판매하였을 무렵, 동네에 새로 생긴 '10년 전 삼겹살 가격 3,500원'이라는 프랜차이즈 고깃집 가맹점이 눈에 들어왔다.

출퇴근 동선이라 매일 그 매장이 눈에 들어왔다. 저녁이 되면 젊은 친구들로 북적북적했다. 둘이서 소주 한 잔에 고기를 배부르게 먹어도 1만 원대의 영수증을 받을 수 있었으니 그야말로 신세계였다. 당시 초창기였던 그 브랜드는 여기저기 매장이 빠르게 늘어났으며, 신문 광고로도 만날 수 있었다.

외식을 좋아하시는 부모님 덕분에 외식업에 대한 감각과 호기심을 자연스럽게 쌓을 수 있었던 나는 구인·구직 사이트를 찾아 둘러보기 시작했고, 눈에 익던 그 브랜드가 '경력직 슈퍼바이저(가맹점 관리 담당자)'를 추가로 모집하고 있다는 것을 알게 되었다.

경력직은커녕 외식 프랜차이즈가 무엇인지도 제대로 모르는 나였기에 남들과 똑같이 지원하면 0순위 탈락이 뻔했다. 그래서 내가 선택한 돌파구는 '첫 단추부터 다르게 접근하자'였다. 곧바로 표준 이력서가 아닌 나만의 이력서를 만들기 시작하였다.

브랜드 로고 컬러로 표의 색상을 넣었고, 혹시나 자동차 영업이 되지 않아서 지원한 것으로 생각할까 싶어 소득 증명원과 활동사진 자료들을 첨부에 붙였다. 자기소개서 역시 출생 때부터 시작하는 '뻔한' 전개보다는 나를 뽑아야 하는 이유에 대해 추려서 강력하게 힘을 주는 것을 선택했다.

그뿐만 아니라 이력서를 일반 A4 용지가 아닌 고급 용지로 출력하여 정성스럽게 봉투에 담았다. 그리고 옷을 갖춰 입고 우체국 대신 외식 브랜드의 본사로 직접 찾아갔다.

결과는 어땠을까?

당시 업계가 주목하는 급성장 브랜드였기에 수많은 경력직 슈퍼바이저들이 지원했음에도 당당히 1차 면접자 대상에 포함되었다. 또한 면접 대기를 위해 모인 수많은 지원자 앞에서 면접관으로부터 귀를 의심할 만한 소리를 들었다.

"여러분들 중에 유일하게 경력은 전혀 없으면서 직접 이력서를 들고 찾아온 친구가 있다. 그 친구는 질문 없이 1차 면접 패스하는 것으로 결정했다."

그때 그 순간이 지금 프랜차이즈 산업에서 내가 성장해 올 수 있었던 시작이었다.

얼핏 '옛날 방식'처럼 들릴지도 모를 에피소드를 이야기하는 이유는 누구나 나처럼 자신의 매력을 보일 수 있고, 새로운 도전에 성공할 수 있다는 점을 이야기하고 싶은 것이다.

물론 그전에 내가 누구인지 알아야 하며 현재의 모습을 진단할 수 있어야 한다. 그리고 나서 내가 원하는 것과 실행하기 위한 로드맵을 설계해 놓아야 자신을 어떻게 마케팅하고 알릴 수 있을지에 대한 구체적인 방향을 잡을 수 있다. 꼭 나를 외부에 화려하게 어필해야 한다는 뜻이 아니다. 나를 인정하고 사랑할 수 있게 만들면 충분하다.

누군가가 내게 와서 이름을 불러 주어야 꽃이 될 수 있다는 것은 옛날 방식이다. 내가 가진 것이 없고 내세울 강점이 부족하다는 이유로 도전조차 하지 않는 것은 안 되는 이유를 찾기 위해 사는 것과 다를 바가 없다.

학력이 부족해서, 자격증이 많지 않아서, 집이 가난해서, 당장은 도전할 때가 아닌 것 같아서... 등 다양한 이유를 붙이는 것은 나를 방어하는 것이 아니라 존중하지 않는 것이다. 해 보지도 않고 단정짓기에는 앞으로 살아갈 날이 더 많다.

수능점수가 여러분의 주민등록번호가 될 수는 없다. 학창 시절의 노력과 결과가 성인 이후의 삶까지 하나하나 모두 영향을 받아야 한다고 생각하는 순간, 우리의 삶은 이미 답이 정해져 버린 것이다.

지금은 시대가 바뀌었다. 충분히 해 볼 만한 시기다. 경쟁이야 예나 지금이나 어디에든 있었고, 경기 침체는 매년 안 따라다닌 적이 없다.

평범한 자신에게 불만이 있었다면 더더욱 좋다. 할 수 있다는 자신감을 가지는 것이 중요하다.

ONLY
ONE

하루를 지배해야 운명이 응답한다

성공의 핵심이 무엇이라고 생각하는가?

우리를 성공시킬 수 있는 가장 중요한 재산이 될 수도, 부채가 되어 버릴 수도 있는 것, 바로 시간이다.

'시간에 대한 개념을 어떻게 잡느냐'가 어떻게 성공하겠다는 미래 계획보다도 훨씬 중요하다. 하지만 우리는 자연스럽게 주어 지는 것에 대해 소중함을 잘 느끼지 못한다. 어디에서 무엇을 하 든 상관없이 시간은 그저 흘러가는 것으로 생각한다.

평일에는 주말을 생각하고, 출근해서는 퇴근 시간을 생각하 고 있다. 이것은 시간을 제대로 활용하는 방법이 아니다. 그저 시 간에 끌려다니는 삶이다. 바로 이 지점에서 성공하는 사람과 그 렇지 못한 사람의 차이가 숨어 있다.

시간은 평등하다. 그래서 더욱 무섭다. 시간은 나를 둘러싼 상 황과 환경, 결과에 모두 개입되어 있다. 하지만 절대 우리에게 명 령이나 말을 하지 않는다. 시간은 우리가 죽을 때까지 절대 나서 지 않는다. 그것이 우리가 '삶의 타임라인 관리'를 통해 선택과 행동을 최적화해야 하는 이유다.

물론 물리적인 한계를 무시하고 모든 순간에 최선을 다하며, 내가 속한 모든 환경과 상황에서 100% 활동하는 것은 불가능에 가깝다.

마치 컴퓨터처럼 365일 완벽할 수 없으며, 여러 방면에서 성공할 정도의 수준으로 잘하기가 어려운 이유다. 한 가지 음식에만 집중하는 장인들의 노포 맛집이 오래가는 이유를 생각하면 이해하기가 쉬울 것이다.

하지만 시간을 최대한 내 편으로 만들고 싶다면 방법은 있다. 우리의 시간을 구속하는 '핸디캡 마인드'를 버리고 가치를 살릴 수 있는 '베니핏 마인드'로 시간을 대하는 것이다. 몇 가지 일상을 예로 들어보자.

○ 시간을 불리하게 사용하는 핸디캡 마인드(Handicap minds)
- 주 52시간만 돈을 버는(월급을 받는) 시간으로 생각하는 것
- 퇴근 이후와 주말을 주 52시간을 위한 보조재로 생각하는 것
- 술을 마시는 시간과 숙취로 고생하는 시간을 분리하지 않는 것
- 무의미하게 노출되는 숏폼 영상의 스크롤을 계속 내리고 있는 것

○ **시간을 내 것으로 만드는 베니핏 마인드(Benefit minds)**
- 나를 위한 시간의 비중을 잘 정리하고 계획에 따라 실천하는 것
- 유튜브를 보되 내 성장을 위한 영상 시청의 비중을 챙기는 것
- 이동 시간, 수면 전·후의 알짜 시간을 컨트롤하는 나만의 루틴
- 회사의 주간 계획과 별개로 나만의 월간·연간 계획을 관리하는 것

핵심은 하루 중에서 '나를 위해 쓰는 시간'의 비중이다. 회사에서 그저 퇴근 시간을 기다리는 업무 태도는 과감히 버리고 최대한 역할에 몰입하는 것도 자신을 위해 쓰는 시간이 될 수 있다.

퇴근 후 혼자 커피를 마시며 생각에 잠기는 것도 나를 위한 시간이다. 이 노력이 실제로 훗날 자신의 사업을 할 때 엄청나게 큰 무기가 된다. 그러기 위해서는 당장의 하루가 바뀌어야 한다.

· 눈을 뜨면 과감히 일어나기
· 제일 먼저 이불을 개고 침구를 정리하며 '해냈다'라는 성취감을 기상과 동시에 적립하기
· 내가 집중할 수 있는 시간 구역을 찾고 그때 집중하기
· 잠은 푹 자고 놀 때는 제대로 몰입해서 놀기
· 이동하면서 날리는 시간을 '살리는 습관'으로 바로잡기(온라인 클래스나 전자책, 유익한 유튜브 영상 보기)

직장 생활을 마치고 마흔에 창업을 결심한 뒤에 6제곱미터도 채 안 되는 창가 없는 소호 사무실 어두운 공간. 매출도 없었던 당시의 내게 자신감을 심어 준 것은 거창하거나 화려한 것이 아니었다. 남들 자는 새벽 6시에 사무실에 나와서 세 시간 동안 휴대폰 한 번 쳐다보지 않으며 집중하고, 남들이 일과를 시작하는 9시에 나는 이미 중요한 일들을 먼저 해 놓았다며 스스로를 칭찬한 그 순간들이 쌓여가면서부터였다.

부자가 영상에 나오면 무엇을 해서 돈을 벌었는지에만 관심이 있고, 창업 박람회에 가면 유행 아이템만 본다. 우리는 수단을 목표와 결과로 착각하는 경우가 많다. 그래서는 본질을 만날 수가 없다.

무료로 사용하고 있지만 숨을 쉴 수 있게 해주는 공기처럼 시간도 마찬가지다. 꼭 돈을 내야 하고, 눈에 보여야만 가치가 있는 것은 아니다.

장담컨대 오늘 우리가 보내는 시간을 나의 가장 친한 친구로 만들면 우리의 평생지기가 될 것이다.

지나간 오늘은 되돌릴 수 없다.

무엇을 하든 자신에게 떳떳한 순간을 보내자.

시간은 우리가 죽을 때까지
절대 나서지 않는다.

그것이 우리가
'삶의 타임라인 관리'를 통해
선택과 행동을 최적화해야 하는 이유다.

ONLY
ONE

가능성

ONLY
ONE

답을 정해 놓지 말자

사회초년생일 때 모셨던 상사를 우연히 만났던 적이 있다. 처음 만날 때가 생각났다. 원칙과 자기 신념이 정말 강한 분이었다. 그런 부분이 상당히 존경스럽기도 하고 멋져 보였던 기억이 여전히 남아 있다.

오랜만에 만나니 그때의 시간이 새록새록 떠올랐다. 그런데 이야기를 나눌수록 이상함을 느꼈다. 그분의 신념이 여전히 계속 반복되고 있었음을 느낀 순간 반가움이 피로로 다가오기 시작했다. 그때의 강했던 원칙과 자기 신념이 전혀 멋져 보이지 않았다.

"아... 여전히 변함없으시구나..."

그날 밤 집으로 오는 길에 문득 나를 되돌아보았다.

대략 지금으로부터 10여 년 전 대리 시절, 중견 외식 프랜차이즈 가맹본부의 바닥부터 시작해서 차곡차곡 다양한 업무 경험치를 쌓다 보니 '일하는 방법'에 대한 나만의 방식과 자신감이 생기기 시작하던 시기였다.

후임 직원들이 생기면서 업무 지도와 결과물에 대한 부담감도 높아졌지만, 주위에서 일 잘한다는 평가를 듣기 시작하면서

양쪽 어깨의 뽕이 한없이 차오르던 때였다.

　내 방식과 경험을 가지고 이야기하는 비중이 커졌고, 나도 모르게 이를 전부인 양 업무의 기준으로 세우며 후임들에게 강조하고 있었다. 한마디로 그 당시의 나는, '업무를 다 안다'고 생각했다.

　물론 그때도 성장에 대한 갈증은 항상 있었지만, 마음 한편에서는 계속 나를 포장하려 했고 완성된 존재라며 자신을 착각 속에 몰아넣었다. 회사 건물 밖으로만 나가면 수많은 평범한 실무자 중 한 명이었음에도, 공간과 환경의 익숙함은 바보같이 자신을 스스로 높이는 데 사용되었다.

　정체와 완전체는 종이 한 장 차이다.

　정체된 업무는 정체된 생각을 하게 하고, 정체된 생각은 정체된 행동으로 이어지며 결국 그 사람을 정체된 사람으로 만든다. 나의 경험을 절대적이라 생각하고 철학화 하는 사람에게 '정체'는 소리 없이 찾아온다.

· 과거의 영광에서 오늘을 찾으려고 애쓰는 사람
· 진급이 '일을 편하게 해도 되는 것'으로 착각하는 사람
· 지시에 익숙해지는 만큼 스스로가 갖춰야 할 문제 해결 능력과 리더십은 약해지는 사람

그 사람들에게 수고하시라고 차 한잔을 배송해 주고 싶다.
'#라떼'라는 차를 말이다.

· 인트라넷을 도입한 회사의 김 과장님은 모든 기능을 써 보지도 않았으며 메일과 결제 기능 몇 번 써 본 것이 다였다. 하지만 인트라넷 전체를 쉽게 평가하며 적용하려는 노력은 하지 않고, 새로운 업무 환경에 적응해야 한다는 번거로움을 내세우며 시스템 자체를 평가 절하했다. 물론 그렇다고 페이퍼 워크를 잘하는 것도 아니었다.

· 3년 전 페이스북 광고를 경험한 어느 식당 사장님은 휴대폰으로 직접 찍은 사진 한 장으로 고작 1주일 정도 광고한 것이 다였지만, 시간이 흐른 지금까지 페이스북 광고는 절대 하지 말라며 주위 사장님에게 마케팅 전문가가 된 것처럼 이야기하고 있다. 물론 페이스북 광고의 기능적 업데이트가 그사이에 수십 번 이루어졌고, 광고 환경이나 메커니즘이 변화해 온 것은 그 사장님에게만 '안 비밀'인 상황이 되어 버렸다.

나는 스스로 동기화되고 있는가?

스마트폰의 앱들만 업데이트시킬 일이 아니다. 세상은 무섭도록 빠르게 변화하고 있다. 회사의 달콤한 월급은 이제 수년 앞을 약속하지 않는다. 회사 안에서만 잘한다고 좋아할 일도 아니다.

당장 오늘 나를 둘러싼 회사 속의 환경이 나에게 유혹의 말을 속삭이더라도, 이를 가지고 마치 본인이 사회생활의 에이스로 착각해서는 안 된다는 것이다.

새벽에 어렵게 잠에서 일어나고, 스트레스와 야근으로 지친 여러분에게 '매일 자기 성장을 위해 노력해라'라고 말하고 싶지는 않다. 다만 나를 성장시키는 것이 무엇인지를 가끔 되돌아보는 것이 중요하다는 말을 하고 싶다.

A4 용지가 되었든 메모 앱이 되었든 하나씩 정리해 보면, 회사 속의 직무나 역할로 파생되는 키워드가 많은지, 나의 성장을 위한 키워드가 많은지를 알 수 있다. 여기서 '회사 속 나'와 '성장을 위한 나'의 비중 조절과 계획을 세팅하자.

상위 키워드에서 하위 키워드를 발굴하고 그것들을 액션 플랜으로 묶어 보자. 그리고 실행으로 옮기는 것. 그것이 바로 자신을 위한 동기화이다.

'꼰대'는 나이가 아니다. 20대의 사회초년생도 얼마든지 '꼰대'가 될 수 있고, 이제 막 팀의 막내를 벗어난 김 주임도 '라떼'만 마실 수 있다.

중요한 것은 정체되지 않는 것, 미리 답을 내리지 않는 것임을 잊지 말자.

미리 단정짓는 순간이 많아질수록 여러분의 시계는 서서히

멈출 것이다.

지금의 세상은 갈수록 '명사형의 사람'을 인정하지 않는다.
다음 페이지를 넘기고 '동사형 인간'이 될 준비를 하자.

ONLY
ONE

동사형 인간이 성공한다 (feat. 콤플렉스 극복 방법)

일상에서 흔하게 접하는 프랜차이즈 브랜드들. 그중에서도 '주점 업종'은 삼시 세끼의 영역이 아닌데다가 특정 영업 시간대에 맞춰 고객을 매장에서 맞이하는, 전쟁보다 더한 경쟁이 펼쳐지는 분야다.

나 역시 프랜차이즈 산업에서 오래 있었기에 어떤 브랜드가 고객에게 좋은 반응을 얻으며 가맹점을 확장하는지에 대해 관심이 많은 편이다. 그러다 보니 다양한 브랜드의 현장을 자주 가는데, 주점 브랜드는 크게 두 가지로 나뉜다.

A 처음 직영점이 줄을 세우며 흥행하던 그 모습 그대로 간판이나 인테리어, 메뉴가 변하지 않고 계속 유지되는 브랜드

B 트렌드 변화에 따라서 서비스 방식이 계속 업그레이드되고, 주기적으로 신메뉴도 출시되면서 브랜드 안에서 요소요소가 새롭게 변화하는 브랜드

물론 프랜차이즈의 핵심 키워드가 '통일성'이다 보니 소비자들은 어느 매장에서나 검증된 맛과 경험을 받고 싶어 하는 것과 '점바점(가맹점 바이 가맹점)'을 피하고 싶은 니즈를 따진다면 당연히 Ａ를 선호하는 사람들이 많을 것이다.

　　하지만 살짝 다른 각도로 바라보면 Ａ는 '세상이 바뀌든 말든 처음 성공 공식을 그대로 유지하려 하는 마이웨이' 스타일의 브랜드로 볼 수도 있다.(실제 이런 과정을 통해서 도태되고 조용히 저물어간 브랜드가 상당히 많다)

　　반면 Ｂ는 가맹점을 위해 주기적으로 신메뉴를 개발하여 출시하고, 인력난에 대비하기 위하여 전 가맹점에 비대면 주문 플랫폼을 테이블마다 설치하기도 한다. 오래된 브랜드로 기억되지 않기 위해 간판이나 실내장식 콘셉트도 새로운 모델로 조금씩 계속 적용하며 항상 '살아 있는' 브랜드로 기억되기 위해 애쓰고 있다.

　　다시 선택해 보자. Ａ, Ｂ 둘 중 어느 브랜드가 더 매력적인가?

　　"○○ 연차 배우라고 말하는 것을 개인적으로 좋아하지

　　　않아요. 연차가 쌓인다고 연기를 잘하는 것이 아니에요.

　　　그냥 배우입니다.

　　　배우의 장점은 늘 새롭다는 것이죠.

　　　늘 새로운 사람과 새로운 작업을 합니다.

　　　그래서 그 연차는 전혀 중요하지 않습니다."

2022년 〈수리남〉으로 다시 한번 명품 연기의 진가를 보여 준 영화배우 황정민. 그런 그가 유튜브 채널에서 이야기한 배우에 대한 정의가 인상적이다.

직업에 대한 소신을 토대로 새로운 역할에 맞게 계속 연기하며 그 과정에서 성장해 나가는 것. 대배우의 경험과 철학이 담긴 말속에서 우리는 반복되는 업무 속에 연차만 쌓인다고 그것이 자신을 증명할 퍼포먼스와 커리어가 되지 않는다는 것을 기억해야 한다.

예전에는 경력사원이 이직할 때 경력의 연수가 중요하였지만, 지금은 다르다. 내가 이전 회사에서 받은 연봉과 직급을 스스로 증명할 수 있는 '실력'이 있어야 한다는 것이다. 그것이 바로 매일 반복되는 일상에서도 비전을 찾으며 '물경력'이 아닌 '진짜 경력'을 키워야 하는 이유다.

나에게는 유연하지 못한 경험과 판단에 사로잡혔던 부분이 있는데, 바로 학력이다. 대표적인 수포자(수학 포기자)였던 나는, 전형적인 문과생이었기에 수리 영역이 너무나 어렵고 괴로웠다. 솔직히 노력도 거의 하지 않았다.

그러다 보니 언어 영역과 외국어 영역에서는 고득점을 받았음에도 불구하고 당시 수능에서 원하는 만큼의 결과를 얻지 못했다.

그래서 집과 거리가 있는 4년제 대학교보다 서울과 맞닿은 집 근처 2년제 대학에 진학했다. 물론 재수는 '1도' 생각하지 않았다. 수리 영역을 다시 접하는 것이 너무나도 힘들었기 때문이다.

졸업 이후 학력에 대한 사회적 제약과 편견, 시선 등을 경험했던 나는 중·고등·대학교의 노력을 평생 콤플렉스로 만들어 위축되며 살아야 하는 것에 대해 부당함을 느꼈다.

남들이 공부할 때 그러지 못했던 대가치고는 길고 억울했다. 학창 시절 몇 배의 삶을 '최종 학력'이라는 굴레 때문에 굳이 위축되어 살아야 하나 싶다가도, 이직이나 면접 때마다 잠을 못 이룰 정도로 후회하고는 했다.

그래서 단순하게 생각을 바꿨다. 바꾼다고 해서 갑자기 학력에 신경을 쓰지 않는 사람이 되는 것은 불가능하겠지만 시도는 가능했다.

'학력을 고정값이라 생각하지 말고 내 업에 맞춰서 업데이트 시키자.'

프랜차이즈 주니어 시절 사이버대학교 외식 프랜차이즈 학사 과정을 누구보다 열심히 듣고 공부하였다. 관리자급으로 성장한 이후에는 프랜차이즈 MBA에 도전하여 '석사' 학위까지 받았다.

그러면서 자연스럽게 마음 한구석에서 나를 괴롭히던 학력 콤플렉스를 말끔히 지워 버렸다.

나의 이야기로 자신감을 찾았으면 좋겠다. 좋은 대학을 나와서 전공과 상관없거나 원하지 않는 일을 하는 것보다, 회사에서 일을 열심히 하면서 내가 원하는 목표가 생기면 그에 맞춰서 공부를 다시 시작할 수도 있다. 학력과 전문성 두 마리 토끼를 모두 잡을 수 있다.

마케팅을 전공하지 않았음에도 마케팅 부서에 발령받았을 때, 책은 물론 외부 마케팅 수업 과정을 들으며 부족한 것을 보충하고 배웠다.

사업을 하면서도 브랜딩에 대해 더욱 알고자 매주 브랜드 전문가 과정을 들으며 공부했다.

함부로 정의하지 말고
스스로 제약하지 마라.

혹시라도 나와 비슷한 고민을 하고 있다면 이런 이야기를 해주고 싶다. 영화배우 황정민에게 언제부터 연기를 시작했는지 아무도 물어보지 않듯이 이제 누구도 나에게 학력을 물어보지 않는다.

160만 유튜버 '김작가TV'의 김도윤 대표나 《역행자(웅진지식하우스, 2022)》의 '자청' 송명진 대표도 떳떳하게 학력은 노력으로 돌파할 수 있다고 말하고 있다. 지금의 모습은 그들의 노력이 사회적 프레임을 깨면서 만든 결과이고, 그만큼 시대와 성공의 기준도 많이 변했다. 누구나 할 수 있다는 이야기다.

결국 스스로 고정값이라고 생각하는 것들이 무엇인지 먼저 정리해 보자. 그리고 그것들에 대해 회피하거나 인정하지 말고 과감하게 도전하자. 편견은 깨부수며 성장해 나가기 위한 요소일 뿐이다.

'한때' 최선을 다하지 못했다고 해서 생긴 콤플렉스로 '평생'을 살아가야 한다고 단정짓고 힘들어한다면, 우리는 아직 최선을 다하지 않은 것일 수 있다.

성공의 정의는 멀리 있지도 그렇다고 화려하지도 않다.
우리가 행동하는 지금, 이 순간이 중요하다.
당장은 결과가 안 보인다고 생각할지도 모른다.
하지만 우리의 노력은 쌓이고 쌓여 업그레이드되고 있다.
이 자체가 이미 우리가 만들어 낸 '작은 성공'인 것이다.

큰 성공을 바라기 전에 작은 성공을 모아라.

함부로 단언하거나 선을 긋지 마라.

그리고 다시 행동하라.

우리는 세상이 정해 놓은 기준에 쉽게 정의될 수 있는 존재가 아니다.

ONLY ONE

눈치 빠른 사람이 힘들어하는 이것

"우리 김 주임은 센스가 넘쳐."

"박 과장님, 완전 분위기 메이커예요. 짱!"

직장 생활에 있어서 일을 잘한다는 것과 비견될 수 있을 정도의 칭찬이 바로 '눈치가 빠름'을 인정받는 것이다.

마음 같아서는 로봇처럼 할 일만 하고, 다른 판단과 생각은 하고 싶지 않지만, 알다시피 회사라는 곳이 그리 만만하지 않다. 사람들이 모인 집단이고 그 속에서 업무 외적으로도 많은 속앓이를 하기에 퇴근하는 그 순간까지 눈치 레이더는 가동되어야 한다.

· 달성되지 못한 실적 때문에 가라앉은 회사 분위기 속에서 연차를 쟁취할 수 있는 노하우
· 회식 자리에서 상사가 2차를 외치더라도 다음 날 타격이 없도록 셀프 핑거 스냅을 할 줄 아는 능력
· 표정이 좋지 않은 선임과의 불편한 미팅을 앞두고 준비하는 비타민 음료 한 병

계획한 대로 완벽하게 되지 않는 것이 일상이고, 힘들게 입사한 기억을 휴지통에 과감히 버릴 정도로 박차고 떠나는 것을 쉽게 볼 수 있는 정글 같은 생활 속에서 나를 보호할 수 있는 최고의 방법 중 하나가 '눈치'라는 것에 대해 부정할 수 있는 사람은 많지 않을 것이다.

나 역시 눈치가 상당히 빠른 편이었다. 조직 분위기의 미세한 변화를 감지하는 것부터 상사나 부하직원의 행동이나 표정, 말투만 가지고 어떤 상태인지 캐치하고 그때그때 대응하는 방법을 수정하는 데 능숙했다.

달리 표현하면 그만큼 주위의 상황과 공기의 무게에 대해 민감했다. 더 직접적으로 표현하면, 상대방의 눈치를 아주아주 많이 보는 스타일이었다.

고등학교 3학년 시절, 내성적이면서도 '적당히 활발한' 캐릭터를 유지하던 시절이었다. 수능을 앞둔 더운 여름, 교무실에서 호출이 와서 가 보니 외할머니께서 돌아가셨다는 어머니의 연락이었다. 조퇴하기 위해 다시 반으로 돌아오는 복도에서 순간 내 머릿속이 복잡해졌다.

'내가 문을 열고 어떤 표정으로 들어가야 하지?'

'난 활발한 캐릭터이니까 울상 짓고 들어가면 안 되겠지?'

지금 생각해 보면 누가 시키지 않았는데, 전혀 영양가가 없는 고민이었다. 그런 나는 눈치도, 뭐도 없이 교실의 뒷문을 열며 머쓱하게 '히죽' 웃는 표정을 지었다. 그런데 정적이 함께 찾아왔다.

'어, 뭐지...?'

웃으며 들어가야 아이들이 생각하는 내 캐릭터와 맞을 것이라는 순간적인 판단을 했던 나를 당황하게 만든 것은 황당해 하는 친구들의 모습들이었다. 수업 중이셨던 담임 선생님께서 반 친구들에게 내 상황을 미리 말씀하신 후였다.

"저 시키는 자기 외할머니가 돌아가셨다는데 왜 쳐 웃고 있냐?"

친한 친구 중 한 명이 적막을 깨고 이해가 안 된다는 식으로 나를 보며 이야기했다. 그 순간 참을 수 없는 부끄러움이 올라왔고, 그제야 동기화라도 된 듯 슬픈 표정으로 허겁지겁 가방을 가지고 나왔다.

그리고 빈소로 향하는 차 안에서 계속 나를 괴롭혔던 것은, 외할머니가 돌아가셨다는 슬픔보다 '왜 그런 표정으로 교실에 들어 갔을까'에 대한 후회였다.

그 누구도 이상하게 생각할 것이 없는 상황에서 단지 친구들의 시선이 신경 쓰여 선택한 나의 행동이 너무나 부끄러웠다. 20년이 지난 지금까지도 내 머릿속에서 떠나지를 않고 있다.

상황은 다르지만 나와 비슷한 경험과 평가를 받고 있다면, 아마도 여러분 역시 '좋은 평가'와 '예민함' 속에서 힘들어하고 있을 것이다. 이 부분이 참 어려운 이유가 선천적인 것과 후천적인 것이 복합적으로 작용하는 영역이기 때문이다. 쉽게 말해 바꾸기 어려운 기질이라는 것이다.

하지만 40줄에 들어선 지금의 나는 '덜 신경 쓰는 사람'으로 만드는 몇 가지 팁을 가지게 되었다.

> · 세상과 타인은 생각보다 나를 신경 쓰지 않는다
> · 내가 나인 것과 내 감정을 너무 설득하려 하지 말자
> · 너무 인정받으려 하지 말자
> · 너무 잘하려 하지 말자
> · 감정 소모가 많이 오면 반드시 충전부터 하자

역할의 굴레와 책임에서 벗어나기 어려운 직장 생활을 30대 끝지락에 마치고 나서야, 조금은 나를 내려 놓을 수 있었다.

사실 통달한 사람처럼 이야기하고 있지만, 사업을 시작하고 지금까지도 큰 고민 중의 하나다. 세상에는 화려한 성공 이면에 어려움으로 힘들어하는 사람들이 상당히 많다. 그만큼 삶의 마지막까지도 여러 각도와 관점에서 생각하고 해결점을 찾기 위해 노

력해야 한다.

좋은 센스 레이더와 과한 눈치 사이에서 힘들어하는가?

그렇다면 하나만 기억하자.

이것은 정답을 찾기보다 개선하는 과정이 결과인 영역이다.

단기 속성으로 풀기 어려운, 평생에 걸친 '가벼운 숙제' 같은 것이다.

그러니 자신을 너무 몰아세우지 말자. 옆 사람의 기분을 챙기거나 주위 사람들의 감정을 파악하는 것이 전부가 아니다. 무엇보다 중요한 것은 '나', 세상에서 가장 중심인 '나'를 보호하고 인정하는 것이다.

ONLY
ONE

레퍼런스를 관리하는 방법

레퍼런스 체크

신입사원으로 회사 생활을 막 시작할 때는 듣기 어려운 단어지만, 30대가 넘고 경력 이직을 해 본 사람이라면 한 번쯤은 들어봤을 것이다.

회사 생활로 좁혀서 보면, 구인과 구직 사이에서 입사지원자에 대한 회사의 '평판 조회'를 의미하는 것이 바로 레퍼런스다.

이력서나 경력 기술서에 작성된 내용이 맞는지, 서류상으로 확인하기 어려운 입사지원자의 특징은 어떤지에 대해 회사나 입사 담당자가 사전에 확인하는 절차를 '레퍼런스 체크'로 정리할 수 있다.

그렇다면 '레퍼런스를 관리한다'라는 것은 정확히 어떤 의미일까? 경력 기술서의 내용을 허위 없이 작성하기만 하면 되는 것일까? 레퍼런스 체크 연락이 갈만한 상사에게 밑도 끝도 없이 잘 보이면 되는 것일까?

아직 사회생활을 시작하기 전이거나 회사를 위해 다니는 건지, 레퍼런스를 위해 다니는 건지 헷갈리는 사람들을 위해서 한 마디 하자면 꼭 그럴 필요는 없다.

레퍼런스의 핵심은 '평판'이다.

조직 속의 사람들이 여러분을 어떻게 평가하느냐에 대한 영역인데, 평판을 구성하는 두 가지 큰 축을 잘 알고 있으면 남보다 앞서갈 수 있다.

첫째, 실력

내가 조직을 위해 할 수 있는 역량을 객관적으로 판단할 수 있는 퍼포먼스의 영역이다. 그렇다고 당장 회사를 먹여 살릴 성과나 KPI(성과측정지표)의 고득점, 실무적 완성도를 원하는 것이 아니다. 여러분에게 전하고 싶은 꿀팁은 '너무 무리해서는 안 된다는 것'이다.

이미 사회초년생의 시기를 지내고 산전수전 다 겪은 선임 직원들은 신입직원들이 느끼는 업무적 한계와 기대치를 어느 정도 감안하고 있다. 이때는 해야 할 것과 하지 말아야 할 것을 구분하면서 모르는 것은 물어보며 채워가는 자세가 무엇보다 중요한 시기다.

내가 새롭게 입사하였으니 당장 인정받고 싶은 마음에 무엇인가를 보여 줘야 한다는 생각을 강하게 가지면 탈이 나게 되어 있다. 자기도 모르게 조바심으로 나타날 수도 있고, 동기들이나 선임들 관점에서 부담을 줄 수도 있다.

사원에게 기대하는 능력치와 대리급 직원이 해 줘야 하는 실력은 다르다. 그렇기에 이제 막 사회생활을 시작한다면 충분한 경험과 시간이 필요하다는 것을 스스로 인지하고 마음의 여유를 주어야 한다.

인정받는다는 것을 의욕만 앞서면 쉽게 얻을 수 있는 아이템으로 판단하지만 않으면 된다. 그걸로 충분하다.

둘째, 태도

실력이 부족한 것보다 태도적인 측면에서 상대방에게 불쾌감을 갖게 하는 것만큼 '별로'인 것은 없다.

학력이 뛰어나고 자격증을 많이 따서 입사 당시에 많은 기대와 화제성이 가득했던 직원이 있었다. 그 친구는 같이 입사한 동기들보다 항상 돋보이려 했고, 선임들에게 지나치게 '친한 척'을 하려 했다. 매사 모든 순간에 계속 튀어 보였다.

하지만 시간이 지날수록 일희일비가 크고 표정의 변화를 숨기지 못하는 단점이 보이기 시작했고, 입사 당시 컸던 기대만큼 그 친구의 행동이나 태도, 말투 하나에 사람들이 주목하면서 입에 오르락내리락하기 시작했다.

결국 그 신입사원은 일 년을 채 넘기지 못하고 다른 곳으로 이직한다며 퇴사했다. 하지만 중요한 것은 마지막 순간 사람들이 기억하는 그 친구의 모습은 스펙 좋고 기대했던 신입사원보다는 부정적 에피소드로 뭉쳐진 '별로인 친구'라는 인식이었다.

주니어일수록 현재의 실력보다 훨씬 중요한 키워드는 '인성'과 '태도' 그리고 '첫인상'이다. 우리가 살아온 경험과 가치관을 기준으로 '마이웨이'만 해서는 절대 안 되는 영역이다. 후천적인 신경세포를 키워서 몸에 자연스럽게 밸 수 있도록 노력해야 하는 시간이다.

사회초년생 시기에는 간접 경험치를 높이고 기본에 대한 습득을 위해서도 책을 많이 읽는 것이 좋다.

· 인사 방법, 회의 예절, 그리고 옷차림 등과 같이 사회생활의 기초에 관한 책들
· 협상의 기술, 설득의 심리학과 같이 삶에 도움이 되는 스킬에 대한 책들
· 하이퍼포머, 일 잘하는 습관처럼 나만의 부스터를 달기 위한 책들
· 동기부여와 모티베이션에 도움이 되는 자기 계발 월간지

책을 읽다 보면 나도 모르게 자기 주도적 동기부여와 셀프 모티베이션의 감각을 키우고 훈련하는 데 상당한 도움이 된다. 모든 것들을 회사에서 다 가르쳐 줄 것이라 미리 생각하지 않는 것이 도움이 될 수도 있다.

셀프 트레이닝을 한 뒤 내면의 성장 모습을 회사에서 긍정적으로 평가하고 칭찬으로 인정받게 될 때의 성취감을 느꼈으면 좋겠다.

그렇게 업에 대한 로드맵이 그려지기 시작하면 전문 지식을 넓히는 책과 학업으로 이어가면 된다.

레퍼런스를 대하는 최고의 마음가짐

레퍼런스를 위해서 열심히 사는 것은 뭔가 눈치를 보는 듯하고 남의 시선을 위해 살아가는 것 같지만, 꼭 그렇지는 않다. 레퍼런스는 특정 상사의 관점에서 좌지우지될 수 있는 주관적 성격이라기보다는 여러분의 실력과 인성, 태도와 평판이 종합적으로 모여서 만들어지는 세계관 같은 것이기 때문이다.

그래서 내가 주도적으로 후회 없이 떳떳하게 하루를 보내는 것이 첫걸음이요, 일 년에 적어도 두 번 이상은 자신만의 로드맵을 리뷰하고 계획을 세우며 성장할 수 있는 목표를 동기화시켜 나가는 것이 두 번째 걸음이다.

간혹 회사의 네임밸류나 성과로 이력서를 채울 수도 있다. 하지만 개인의 평판으로 포장하는 것에는 한계가 있다. 경력직일 경우 바로 본인의 실력을 증명해야 하는 부담이 따라올 수도 있다.

실무를 잘하는 것이 시키는 것을 잘 처리한다는 것만을 의미하지는 않는다. 정말 실무를 잘하는 사람은 업무나 프로젝트에 대한 거시적 관점에서의 이해력이 뛰어나고, 문제 해결 능력이 있으며 일을 풀어 나갈 줄 아는 사람이다.

여기에 좋은 인성과 태도가 뒷받침되면 된다. 바로 우리가 지향해야 할 레퍼런스 구축 방법이다.

언제나 떳떳하고 자신 있게
그러면서도 공손하고 예의 있게
조용히 실력을 키우며 평판을 만들어 나가자.

그래서 내가
주도적으로 후회 없이 떳떳하게
하루를 보내는 것이 첫걸음이요,

일 년에 적어도 두 번 이상은
자신만의 로드맵을 리뷰하고
계획을 세우며 성장할 수 있는 목표를
동기화시켜 나가는 것이 두 번째 걸음이다.

ONLY ONE

번아웃을 맞이하라

'열정'이라는 나무가 다 타버려서 재가 되었는가?

불씨를 다시 태울 재료도, 의욕도 남아 있지 않은가?

신체적으로도, 심리적으로도 지친 상태를 의미하는 '번아웃'이라는 단어는 보통 일터에서 많이 발생한다.

사적 영역에서는 그 정도로 몰입하지 않거니와 스스로가 통제할 수 있는 행동의 영역 비중이 더 크기 때문이다.

번아웃 증후군은 일에 대한 책임감이 높은 사람들에게 많이 발생한다. 그만큼 나름대로 '화려하게 태웠다'라는 방증이 되기도 한다. 그런 유형의 사람들은 대개 다음과 같은 특징을 가지고 있다.

· 역할에 대한 몰입도가 상당하며 일 외적으로 다른 것을 잘 챙기지 못한다
· 스스로에 대한 업무 기준이 높고 자기 자신에게 매우 야박하다
· 일을 잘하다 보니 신임을 받는 만큼 일복이 많다. 그런데 No를 잘하지 못한다
· 스스로 툭툭 쳐내지 못해 마음속에서 쌓이는 경우가 많다

30대의 마지막 해, 회사를 나오고 나서 한 달 동안 아무도 만나지 않았다. 그만큼 많이 지쳐 있었다. 가만히 나를 깊이 들여다보니 몇 가지 이유가 있었다.

- 변수가 많은 외식업 자체의 특성
- 사람과 사람의 접점 범위가 넓은 프랜차이즈 산업 특성에 따른 피로감
- 내 역할 상에서의 통제권과 자율성에 대한 불만
- 내 능력에 대한 의구심과 체력의 한계

물론 많은 프로 퇴사러들이 느낀 것처럼 회사 안에서의 두통은 퇴사하고 나오는 순간 싹- 없어지는 마법이 내게도 적용되었다. 하지만 오롯이 나에 대한 충전이 필요한 영역이 있었고, 완충과 함께 본격적으로 사업 준비를 다시 하는 데까지 적지 않은 시간이 걸렸다.

번아웃과 친구인 단어, 슬럼프.
정체와 저조한 상태가 계속됨을 의미하는 '슬럼프'도 별반 다르지 않다.
오래전에 프로야구 레전드인 이종범 선수가 "최고의 자리에 올라서기 전까지 슬럼프라는 단어를 써서는 안 된다"라는 말을

한 적이 있다. 자기 자신이 핑계로 삼을 수 있는 접근을 경계하라는 뜻이었다.

상황을 요리조리 피해 가거나 제대로 부딪혀 본 적이 없는 사람들이 이야기하는 번아웃은 거짓일 가능성이 큰 이유다.

번아웃과 슬럼프의 중요한 공통점이 있다. 바로 번아웃이 도달했다고 해서, 슬럼프에 빠졌다고 해서 상황이 끝나는 것이 아니라는 것이다. 결국 둘 다 '마침표'가 아닌 '쉼표'여야 한다는 것이고, 그 실마리는 다른 누구도 아닌 자기 자신이어야 한다는 것이다. 극복해야 내성이 생기고 더 강해질 수 있다.

만약 무기력이 일주일 이상 간다면, 일단 매사 불태웠던 스스로에 대해 인정해 주는 것이 필요하다. 일의 결과를 떠나 최선을 다하고 스스로 후회 없이 노력한 사람에게는 주위 사람이 먼저 번아웃을 걱정해 주며 건강을 챙기라고 한다.

의욕적으로 일에 몰두하고 있다면 피로감으로 무기력해질 수 있음에 대해 언제든 열린 생각을 하는 것이 좋다. 물론 내가 만들어 놓은 프레임 속에서 '그러면 안 된다'라고 자기 주문을 하는 것도 프로 사회인이 되는 데 도움이 된다.

하지만 사회생활이라는 것이 단거리 100m 경주가 아니라는 것을 알면서도, 하루하루의 생활은 '우사인 볼트(한때 세계에서 가장 빠른 사나이로 불리며 단거리 종목에서 세계 신기록과 수많은 메달을 획득했다)'처럼 지내는 것은 아니었는지 되돌아볼 필요가 있다.

번아웃 자체로 완전히 무너져서 회생할 수 없는 것도, 쉼표가 될 수 있도록 하는 것도 모두 우리 본인의 몫이다. 내 인생이고 내가 선택하는 일이다.

평소에 내가 어떤 단계인지 생각하는 습관이 그래서 중요하다. 일 말고도 '마음 에너지'를 충전할 수 있는 본인만의 카드를 확보해야 한다.

일과 삶의 균형이 단순하게 칼퇴근이라고 생각하고 이어지는 술자리에서 회사 이야기를 안주 삼으며 종일 회사와 분리하지 못한 '나'였다면, 일터와 완벽히 분리된 본인만의 시간과 취미를 퇴근 시간 이후에 억지로라도 만드는 것이 좋다.

대입 수학능력시험을 떠올려 보자. 수능 시험을 막 보고 나면 사전채점 결과와 지원 가능 대학 리스트가 삶의 전부인 것처럼 느껴진다. 그런데 지금은 어떤가? 얼마든지 본인의 의지에 따라 극복하는 방법을 알고 있지 않은가. 또한 방법은 몰라도 그것이 전부가 아니라는 정도는 알고 있을 것이다.

번아웃 증후군은 찾아오지 않게 발버둥치는 것보다

찾아왔을 때 어떻게 대응하는지가 중요하다.

한 번이 어렵지 여러 번은 쉽다.

고비가 온다면 최대한 객관적인 시간으로 그 이유를 메모하며 분석해 보자. 나만의 방식으로 쉼을 찾되 더 긴 타임라인으로 내가 하는 일을 펼쳐 보자. 다시 일어서는 힘이 생기면 급발진보다는 슬로우-스타터를 선택해라. 고비에 맞서다 보면 여러분의 내공은 강해질 것이다.

추가로 하나만 더!

전쟁 같은 사회생활은 정신력만으로는 절대 성공할 수 없다. 젊음을 핑계로 방심, 방치하지 말고 꼭 운동해라. 체력은 정말 중요하다.

ONLY
ONE

차별화

ONLY
ONE

스마트폰 사진을 모아 온 이유

'월 1,000만 원 순수익의 비밀'

'12억 매출, 꿈이 이루어졌어요'

유튜브에서 '부자'나 '경제적 자유'를 검색해 보면 수많은 섬네일이 아름다운 자태를 뽐내고 있다. '인생역정'을 한 글자만 바꿔서 '인생역전'으로 만드는 이야기, 운이 제일 좋았던 사람, 매일 새벽 4시에 일어나며 미라클 가득한 모닝을 맞이하는 루틴 소개까지 다양하다.

영상을 보면 좋은 동기부여와 자극이 되는 것도 사실이다. 하지만 그렇게 얻은 인사이트를 어떻게 내 것으로 소화하는지가 중요한데, 대부분은 오래지 않아 평소와 다름없는 일상으로 돌아가는 것을 택한다. 알면서도 거부한다기보다 꾸준하게 영상을 보며 자신의 로드맵을 실행하고 빌드업하기에는, 개인의 삶과 상황이 여의찮기 때문이다.

당장 생활에 영향을 미치는 구직에 매달리거나 생존과 안정 사이를 오가는 회사 생활로 정신없는 하루를 보내고 있어서 그 이상의 가치로 승화시키지 못하는 것이다.

그런데 여기에 후춧가루 한 숟가락이 더 기다리고 있다. 원하는 것을 바로바로 확인할 수 있고 얻을 수 있는 스마트 시대의 광폭 발전에 따라 사람들의 인내심이 계속 줄고 있다는 사실이다.

게다가 경기 침체와 각 기업의 과열된 생존 경쟁은 보이지 않는 끈기의 에너지를 모으는 데 그리 관대하지 못하다.

그러다 보니 취미에서도 빠른 결과와 성과를 원한다. 적어도 일 년은 지나야 눈에 보이는 변화를 확인할 수 있는 운동도 3개월여만에 당장 뭐라도 내놓으라는 듯이 조바심을 낸다. 스스로 좋아서 시작한 운동이지만 일과의 피곤과 동료와의 술 한 잔 유혹에 가볍게 흔들리기 일쑤다.

의지를 다잡고자 유튜브 영상을 찾아보지만, 성공 원인을 '그들'이기에 가능하다며 합리화할 뿐 나라서 안 되는 이유를 찾기에 혈안이 되어 있다.

"저는 아닌데요?"

자, 시간이 걸려도 나를 성장시키는 무기를 갖고 싶다면 쉽게 적용할 수 있는 나의 습관을 소개하고자 한다. 아이폰이 스마트폰 시대를 연 이후 10년이 넘은 지금까지 꾸준히 하는 습관이다.

외식 프랜차이즈 가맹본사에서 슈퍼바이저를 맡으며 현장을 자주 나가게 되었는데, 그때부터 눈에 보이는 대로 사진을 찍기 시작했던 일이다.

· 눈에 잘 들어오는 파사드(간판 및 아웃 테리어) 사진
· 외식업을 포함해서 디자인이 잘 되어 있는 Y 배너 사진
· 소비자 프로모션을 하는 매장의 홍보물 사진
· 인상 깊은 인테리어와 조명, 플레이팅의 사진
· 그 외 인상 깊다고 생각한 순간들의 사진

믿기 어렵겠지만, 이렇게 찍은 사진들이 차곡차곡 쌓이면서 이제는 웬만한 외장하드는 꽉 채울 용량이 되었다. 또 마케팅 사업을 하는 지금은 스크린샷까지 하면서 본의 아니게 주인 잘못 만난 스마트폰의 원성을 매번 듣고 있다.

사진만 찍는 것은 의미가 약하다. 이렇게 찍은 사진들을 활용하는 것이 중요하다.

매주 한 번씩 찍은 사진들을 컴퓨터 안의 각자 폴더에 분류해 놓고 한 달에 한 번씩 그동안 찍은 사진들을 쭉 훑어보며 복기하는 시간을 갖는다. 그러면서 크리에이티브의 아이디어를 발굴하기도 하고, 어떤 사진은 업무의 힌트가 되기도 한다.

이런 자연스러운 습관이 10년 넘게 몸에 배면서 디자인을 배

우지 않았어도 디자인에 대한 관점과 시각이 발달하게 되었고, 매장에 대한 비주얼 콘셉트, 카피라이팅 등을 구성하는 현업에도 많은 도움이 되고 있다.

학교에 다닐 때는 취업에 도움이 되기 위한 여러 가지 시험과 자격을 준비한다. 그리고는 회사에 들어가면 이직이나 더 나은 대우를 위해서 다른 자격 과정을 듣거나 공무원 시험을 준비한다. 쳇바퀴도 이런 쳇바퀴가 없다. 매우 피곤한 삶이다.

물론 그런 과정이 주는 노력의 가치는 결과를 떠나 매우 위대하다고 생각한다. 노력 자체를 생각하지 않은 사람들도 많기 때문이다.

다만 여러분이 외부 평가를 통해 완성되는 자격에만 목매달고 있다면, 자신의 가치를 빛나게 해 주는 것이 꼭 그런 방법만 있는 것은 아니라는 것을 알려 주고 싶다.

내가 가지고 있는 '한 끗'이 꼭 눈에 보여야만 할 필요는 없다.
사람과의 대화법, 경청의 기술, 마음으로 보이는 태도 등 보이지 않아도 무기가 되는 '한 끗'이 훨씬 많음을 아직 모를 뿐이다. 일상에서 나도 모르게 하는 행동이나 습관을 들여다보자.

아무도 알아주지 않지만 나를 위해 다니는 학원이나 클래스

어플도 좋다. 완성된 나를 기분 좋게 상상하며 행동으로 옮겨 보자. 일상생활의 사각지대를 줄여 나가고 그 밀도를 높이자.

나의 일상 속 행동의 10%만 바꿔도 그것은 훗날 복리가 된다. 늦은 것은 없다. 더 나은 '나'로 이끄는 습관 만들기를 오늘부터 시작하면 된다.

후회에 매몰되거나 현실에 굴복하기에는 너무 이르다.

아직 우리의 황금기는 시작도 안 했기 때문이다.

ONLY
ONE

운이 따라 오는 사람의 숨은 비밀

"(저는) 운이 정말 좋았을 뿐인걸요."

"(그 사람은) 운이 좋았어."

비슷한 느낌이지만 의미는 완전히 다르다. 전자가 결과에 대한 기쁨과 긍정적 분위기 속에서 자신을 낮추는 말이라면, 후자는 상대방의 결과에 대한 질투나 부러움을 숨기려는 감정이 드러난 말인 경우가 많다.

'운칠기삼'이라는 말이 있다. '사람이 살아가면서 일어나는 모든 일의 성패는 노력보다 운에 달렸다'라는 뜻이다. 아무리 운이 중요하다고는 하지만, 이 말을 인생 좌우명으로 놓고 로또나 복권 당첨을 기다리며 행운에 기대는 삶을 살아서는 안 된다. 그러면 삶이 추워진다.

성공한 연예인, 운동선수의 인터뷰나 성공한 사람들의 말을 듣고 부러워하기만 할 필요는 없지만, 그렇다고 운이라는 것을 인생역전하듯 가만히 앉아서 '언젠가는 내게 오겠지'라고 기다려서도 안 된다는 뜻이다.

운칠기삼 앞에 반드시 붙어야 하는 말이 있는데 바로 '진인사

대천명'이다. '사람으로서 내가 할 수 있는 최선을 다한 뒤에 하늘의 뜻을 바라듯 결과를 기다려야 하는 것'을 의미한다. 이 말처럼 그래야 그 결과에 떳떳하게 승복할 수 있고, 그 과정에서 성장이 찾아오는 것이다.

주니어 시절, 회사에서 열리는 공모전이나 경진 대회에는 어김없이 참가하였다. 당시 회사에서 제일 큰 행사가 '사내 제안 프레젠테이션 경진 대회'와 '아이디어 공모전'이었는데, 같은 해 두 개 대회에서 모두 1등을 차지한 적도 있다.

그 당시 주임 직급이었으며, 가맹점 순회와 사무실 업무 등 해야 할 일들이 많았지만, 개인 시간을 쪼개가며 아이디어를 수집하고 정리하였다. 프레젠테이션 경진 대회를 위해 수없이 자료를 수정하고, 수없이 대 강의장에서 홀로 발표 연습을 하였다.

하지만 그때를 되돌아보면 상품이나 특혜를 얻기보다는, '현재에 충실해야 한다'라는 생각이 나를 지배했었다. 물론 승부욕이 한몫을 한 것도 있다.

잘하고 싶다는 생각을 원동력 삼아 행동으로 옮겼다. 흘려보내거나 혼나지 않을 정도의 참석 의지를 표하기만 해도 충분했지만, 내 마음이 그런 접근을 용납하지 않았다.

"그건 김현이 제일 낫지 않나?"

물론 시기와 질투도 꽤 받긴 했다. 하지만 그런 것은 오래가지 못했다. 대신 그런 결과가 반복될수록 회사 안에서, 그 분야에서 스페셜 리스트에 오름을 느낄 수 있었다. 커다란 쾌감이었다.

이처럼 사회생활에 있어서 '나'라는 선택지가 최고가 되는 영역을 만드는 것은 상당히 중요하다.

주니어 시절의 나는 그러한 포지셔닝을 의도하고 결과를 만들기 위해 최선을 다한 것이 아니었다. 그저 마음이 움직이는 대로 현재(그 당시)에 집중하는 과정들이 쌓이고 쌓인 것이었다.

혹시라도 반복 업무 속에 비전을 찾지 못해 힘들어하거나, '어둠의 터널'을 헤매는 중이라면 여러분이 직접 헤쳐 나갈 영역이 분명히 존재한다는 것을 기억해 둘 필요가 있다.

훗날 브랜드를 맡는 사업본부의 책임자가 되었을 때의 나는 꾸중의 포인트가 명확해졌다.

가맹점 슈퍼바이저가 담당 가맹점의 L.S.M(Local Store Marketing, 지역 점포 마케팅)을 기안하였고 진행하였다고 하자. 그 담당자는 홍보물 준비부터 현장 방문 및 독려, 중간중간 모니터링까지 최선을 다했다.

하지만 전체 프로모션 기간이 종료된 이후 성과가 좋지 않거나 매출이 오히려 떨어졌다. 물론 결과는 아쉽겠지만, 결코 담당자에게 숫자만으로 화를 내거나 잘못을 지적하며 윽박지르지 않았다. 그들의 최선을 알고 있기 때문이다.(물론 이 단계에 오기까지 시행착오도 많았다)

하지만 품의서를 통한 계획이 제대로 이루어지지 않거나 최선을 다했다고 판단되지 않는 상황들이 발견된다면, 성과가 아무리 좋아도 불호령을 내렸다.

최선을 다하지 않아도 결과가 나오는 것은 운이 좋은 것이 아니다. 그것은 요행이고 어쩌다 얻어걸린 그 이상도 이하도 아니다. 그런 자세가 그 담당자는 물론 조직에도 퍼지지 않게 하려면 최선을 다하지 않고도 최선을 다했다고 말하는 사람들의 보고를 그냥 넘어가지 않아야 한다.

최선을 다한 성과에 대한 기준은 각기 다르다.

이제 막 사회생활을 시작한 사원이 과장의 아웃풋에 견줄 수 없는 것처럼 외형적 잣대 역시 같이 들이댈 수 없다.

그래서 올챙이적 시절을 생각하지도 않고 현재 자신의 기준만을 요구하며, 과정에 대한 관리나 업무 방향에 대한 지침 없이 결과만 내놓으라는 듯이 강요하는 상사는 '몹시 나쁘다'라고 할 수 있다.

일을 잘하는 실무자와 팀을 잘 이끄는 팀장은 동일 개념이 아니다. 사무실에서 막내 생활을 오래 하다가 신입사원이 들어오면 눈이 확 트이는 경험을 하게 되는데, 팀장도 마찬가지다.

자신의 실무 능력만 과시해서는 절대 좋은 팀장이 될 수 없다. 팀장은 본인이 일을 잘하는 것보다 구성원을 잘 다독이며 조직이 일을 잘할 수 있게 이끌어가는 '리더'의 자리이다.

하지만 우리의 주변에는 '리더'보다 '상사'가 많다. 지시하지만 방향이 없거나, 약자에게는 강하지만 강자에게 약한 사람들이 훨씬 더 많다.

소통, 인내심, 업무 지시 및 피드백 방법, 상담 능력, 비전 제시 등과 같이 리더가 가져야 할 덕목들은 상당히 많다.

훗날 조직을 이끄는 리더로서 성장하고 싶다면, 지금의 리더와 상사를 보며 반면교사 인사이트를 찾아내어 흡수해야 한다. 그들의 장점은 취하고 단점은 버려야 한다. 그리고 당장 훌륭한 팔로워가 되는 것부터 시작해야 나중에 훌륭한 리더가 될 수 있다.

나 스스로가 떳떳한가?

그렇다면 됐다. 충분히 만족해도 좋다. 다른 누구의 평가도 아닌 스스로 떳떳할 수 있다는 것이 얼마나 진정성이 있으며, 큰 노력이 필요한 일인지 우리는 이미 알고 있다.

호락호락하지 않은 시대다. 잘 이루어지기 위해서는 마음과 몸이 같이 움직여야 한다.

성공하지 못한다고 절대 낙심하지 말 것이며, 성공했다고 너무 방심해서도 안 되는 이유다.

우리의 운은, 지금도 만들어지고 있다.

최선을 다하지 않아도
결과가 나오는 것은
운이 좋은 것이 아니다.

그것은 요행이고
어쩌다 얻어걸린
그 이상도 이하도 아니다.

ONLY ONE

**시간을 지배하는 자
vs 시간에 지배당하는 자**

어제 같은 오늘을 사는 사람이 있는가 하면,

내일 없이 오늘을 사는 사람도 있다.

누구에게나 똑같은 일 년 365일이 주어진다. 누구는 그 시간 동안 자격증을 따거나 스킬을 장착하여 커리어 빌드업을 준비하는가 하면, 누군가는 계획 없이 하루를 채우기에 급급해 하며 일 년을 시원하게 흘려보낸다.

사람은 기계가 아니다. 아무리 좋아하는 일을 해도 시간이 지나면 흥미를 잃을 수 있다. 회사에서 대부분의 시간을 보내는 평일 하루는 오죽하랴. 만약 우리가 피지컬까지 부족하다면 퇴근 이후의 또 다른 자아는 타노스를 경험한 헐크처럼 브루스 배너 밖으로 나오려 하지 않을 것이다.

"눈 떠 있는 시간에는 1분 1초를 아끼지 않고 최대한 집중했어요."

과연 진실일까? 일반적으로 사람은 종일 '풀파워'로 활동할 수 없다. 누구나 인정하는 결과를 얻은 자의 겸손한 MSG 토크일 뿐이라고 확신한다.

혹시라도 잠자는 시간을 제외하고 잠시도 시간을 허투루 쓰지 않는 인생을 보내고 있다면 당장 나에게 비법을 전수해 주면 좋겠다.(정말이예요) 어떻게 하면 시간을 내 편으로 만들 수 있을까? 나는 두 가지의 팁을 가지고 있다.

첫째, 나의 리듬을 객관적으로 바라보고 그에 맞는 루틴을 만드는 것이다

내가 최대치로 집중할 수 있는 시간대가 언제인지를 알고 중요한 일의 집중도를 그 시간에 동기화시키는 것이다.

철저한 아침형 인간에 밤 10시면 무조건 잠을 자야 하는 사람이 유행한다는 이유로 술집 포차를 창업한다면 과연 잘 될까? 잘 된다는 기준이 매출이라면, 잘 될 수도 있겠지만 일에 대한 만족감과 행복을 기준으로 따진다면 아마도 다른 답이 나올 것이다.

나 또한 새벽에는 술술 써 내려가는 블로그의 글들이 저녁 시간만 되면 두 줄 쓰기도 버겁다. 오전의 집중력은 최강이라 자부하면서도, 야근과 저녁 시간의 회의 소식을 듣고 나면 회의 시작 5분 만에 좀비 영화의 투명 인간이 되고는 했다.

그래서 종일 최고의 컨디션일 수 없다는 나를 인정한 뒤에 방법을 바꿨다. 지금은 점심 이후에 무조건 30분 정도 잠을 잔다.

외근 이동은 되도록 대중교통을 이용하고, 그 사이 쪽잠을 자며 컨디션을 회복한다.

일과 시간에는 최대한 집중을, 저녁에는 운동을 하거나 좋은 사람들을 만나고 좋은 시간을 보내며 스트레스를 푼다. 유튜브 촬영이나 외부 일정이 며칠 동안 연달아 있을 때는 반드시 작업실에서 종일 혼자 있는 시간을 확보하며 감정 에너지를 충전한다.

프로일잘러는 하루 중에 본인이 가장 '강력한' 시간대가 있다. 그때는 엄청난 집중력을 발휘하고, 중요한 일을 순식간에 쳐내는 모습을 보여 주기도 한다.

그런데 내가 나를 모른다면 어떨까? 신체 리듬이 제일 좋을 때는 단순 반복 업무나 우선순위에 속하지 않는 일을 하며 그 에너지를 잘못 사용하고 있을지도 모른다.

일의 능률은 오르지 않을 뿐더러 늦은 오후 피곤이 쏟아질 때 집중을 요구하는 기획서 앞에서 머리채를 움켜쥐는 일이 다반사일 것이다. 그렇게 잘못 설계된 스케줄 속에서 스스로에 대한 퍼포먼스의 한계를 정해 버리면 안 된다. 특히 회사의 관리자들은 업무 특성과 조직 성과에 직결된 바이오리듬 관리를 위해 회의 시간이나 업무 문화 등 하나하나에 더 세심하게 신경을 써야 한다.

내가 통제할 수 있는 시간을 지배하기 위해서는 세 가지 단계를 거쳐야 한다. 나의 신체적, 정신적인 리듬의 사이클을 인지하는 것이 첫 번째 그리고 거기에 내 과업이나 사업의 업무들을 최적화시켜서 맞추는 것이 두 번째다. 그다음 완급 조절이 세 번째다.

그렇게 나의 루틴을 맞추다 보면 시간이 쌓이면서 힘을 줄 때 주고 빼야 할 때는 빼는 '완급 조절 컨트롤의 마법사'가 될 수 있다. 하루의 시간도 그렇지만 길게 봐도 그렇다. 매번 내가 전력 질주할 수는 없다. 회사 안에서도 조용히 내공을 키워야 하는 시간이 필요하고, '이때다' 하고 기회를 덥석 잡아야 하는 타이밍도 있다.

둘째, 시간의 밀도를 높이는 것도 중요하다

그 밀도를 높이는 것은 단순히 정해진 시간 내에 최대치의 퍼포먼스를 내기 위해 나를 맞추는 것만 뜻하는 것은 아니다. 회사에서의 내 역할에 순간순간에 최선을 다하는 것도 좋지만, 인생이라는 긴 흐름을 두고 여러분 스스로를 위한 활동도 반드시 포함해야 하는 것이다.

- 나의 몸값을 올릴 수 있는 클래스, 자격, 학원 다니기
- 스피치나 프레젠테이션, 영업 스킬을 배워서 사업에 대비하기
- 프랜차이즈 가맹점 창업을 준비하기 위해 주말마다 아르바이트하기

바쁜 회사 생활을 보내고 힘든 삶을 살아도 '휴식'은 챙겨야 한다. 일만 할 것 같은 수많은 CEO도 각자의 휴식 방법을 가지고 있고, 그 중요성을 강조하고 있다. 집중이 안 되는데 억지로 책을 붙들고 있을 필요는 없다. 과감히 놓을 때는 놓고, 차라리 머리를 식히며 내일을 준비하거나 기분 전환을 하는 것이 누군가에게는 훨씬 뜻깊은 시간이 될 것이다.

시간을 잘 쓴다는 것이 얼마나 어려운 것인지를 아는 사람은, 적어도 그만큼 최선을 다했던 경험이 있을 것이다. 하지만 시간에 끌려다니거나 지배당하다 보면 훗날 성장이 없는 과거 그대로의 모습으로 남아 있을 가능성이 크다. 정말 안타까운 것은 그런 모습을 정작 본인은 잘 모른다는 것이다.

한 번 뿐인 오늘이다. 당장 오늘 하루 최선을 다하는 습관을 키워보고, 시간을 최대한 내 편으로 활용하는 각자만의 방법을 터득해 보자. 의외로 시간은 정말 빨리 흐른다.

ONLY ONE

직장과 직업의 차이

"평생직장 시대는 막을 내렸다."

철로 만들어서 튼튼하고 깨지지 않는 밥통을 '철밥통'이라고 한다. 해고의 위험이 적고 고용이 안정된 직업을 비유적으로 표현하는 말이지만 부러워하지 마라. 비록 철밥통이 깨지지는 않더라도 밥맛이 좋다는 이야기는 지금까지 들어보지 못했다.

사회생활을 처음 시작하면서 직장에 대한 정의를 내리기는 어렵다. 학교를 졸업하면 구직을 당연하게 여긴다. 구직을 해야 돈을 벌 수 있고, 생활이 영위될 수 있다. 학창 시절에는 부러워도 사지 못했던 나이키 운동화를 과감하게(?) 지를 수 있는 기쁨까지 함께 느끼면서 말이다.

전공을 살릴 수 있으면 얼마나 좋을까 싶지만, 일반적으로 대학교 때 배운 것을 사회생활에서 완벽하게 이어 나가는 사람은 몇몇 전문 분야를 제외하고 찾아보기 어렵다.

당시 H자동차의 영업사원으로 근무했던 나는 업무에 조금씩 한계를 느끼던 즈음에 자주 가던 프랜차이즈 브랜드의 슈퍼바이저 채용 공고를 보고, 비록 경력은 없었지만 나의 진정성을 담아 지원했다.

신입도 아닌 경력을 뽑는 자리에 아무것도 모르는 나를 알리기 위해서는 '차별화' 밖에 없었다. 직접 만든 이력서를 들고 본사 인포데스크에 수줍게 전달하고 도망치듯이 나오던 그때를 생각하면 지금도 두 손 가득 땀이 찬다.

"우리는 자네한테 실험을 거는 거야."

그런 일반적이지 못한 시도가 회사 안에서도 화제가 되었는지 1차 단체 인터뷰는 프리패스하였고, 2차 개별 면접도 통과하였다. 그리고 당시 책정된 회사 최저 연봉을 받고 매출이 어려운 직영점을 살리는 점장 역할의 미션을 맡으며 프랜차이즈 업계에 발을 내디딜 수 있었다.

채용 공고를 처음 접했을 때 '경력직 채용'이라는 단어만 보고 지레짐작 포기했다면 오늘의 나는 없었을 것이다. 그 도전이 없었다면 프랜차이즈 산업에서 15년여의 실무를 쌓을 수도 없었을 것이고, 창업 강연을 하거나 지금처럼 마케팅 사업을 시작하지도 못했을 것이다.

무엇보다도 그 순간이 나에게 가치 있는 이유는 그 첫 단추가 지금 내게 '직업'에 대한 가치관을 명확하게 만들어 준 출발점이 되었기 때문이다.

"직장은 바뀌어도 직업은 바뀌면 안 된다."

주니어 시절 상사께서 해 주었던 이야기다. 그때는 그 뜻을 잘 이해하지 못했다. 회사를 옮긴다는 것이 익숙하지 않았고 무서워했던 시기이기도 했다.

좀 더 솔직히 말하면 직장과 직업의 차이를 잘 몰랐다. 그런데 40대에 들어서니 그 의미를 정확하게 이해하게 되었다. 한 직장에 '어떻게든 오래 있는 것'을 목표로 하지 말고, 그 일이 내 사회생활 전체를 놓고 봤을 때 어떤 영향을 줄 수 있는지를 바라보는 관점의 문제였다.

단순히 월급을 위해서 내 적성이나 능력과 상관없는 일을 하는 것은, 돈을 떠나 행복하지 못한 일이다. 그러나 내가 일하고 싶은 분야가 있고 그 깊이를 늘리고 전문성을 높일 수 있다면, 직장을 옮기는 것은 리스크가 아닌 나의 입체성을 부여하는 값진 도전으로 바라볼 수 있다.

물론 이제 막 사회생활을 시작하면 직장에 대한 개념이 아직 자리 잡히기 전이고 내가 평생 어떤 일을 해야겠다는 정체성에 대해 고민을 하기도 전이기에 서둘러 '나의 업業'을 결정할 필요는 없다.

다만 내가 어떤 분야에서 나만의 포지셔닝을 구축할 것인지를 고민하는 것은 매우 중요한 일이라는 것을 알아주기 바란다.

내가 '업'에 대한 정립을 잘해 놓고 그 방향대로 걸어가면 평생의 삶을 내가 원하는 대로 이끌어갈 수 있다. 반대로 직장에 매달리다 직업에 대한 답을 찾지 못하면 40대 이후부터는 시간에 끌려다니는 주체 없는 삶이 될 수 있다는 뜻이기도 하다.

내가 무엇을 할지를 계속 고민하는 것이 중요하다. 짧은 경험이나 주위 사람들의 이야기처럼 간접 경험을 통해서만 내 꿈을 단정지어 버리면 안 된다. 사회 탓, 회사 탓, 사람 탓만 하다 보면 우리는 더 이상 내면의 성장을 할 수 없는 사람이 될 것이다.

내가 진짜 무엇을 하고 싶은지 생각해 보자. 바로 떠오를 수도, 안개처럼 답답함만 떠올릴 수도 있다. 괜찮다. 너무나 당연하다.

다만 그 일이 당장의 '돈'만을 벌기 위한 일이어서는 곤란하다. '돈을 많이 벌고 싶다'라는 것이 인생의 목표가 되기보다는 '내가 무엇을 하고, 어떤 존재가 되어서 돈을 많이 벌겠다'라는 목표 의식이 매우 중요하다. 돈이 많이 있으면 행복하겠지만, 세상에는 돈만으로 움직일 수 없는 성취감과 행복도 크다.

당장 목표한 그것을 잘할 수 없더라도, 그 분야에서 더 행복하고 긍정적인 삶을 살 수 있다면 충분하다.

내가 원하는 방향이 무엇인지 알고 이를 위해 조금씩 조금씩 미세하게 움직이고 도전해 보자. 그러한 과정이 쌓이고 쌓이다 보면 지칠 때도 있고, 스스로에 대한 확신이 흐려지는 위기도 오지만, 분명 티핑포인트도 함께 올 것이다.

삶은 한 번 밖에 없다.

'동사형 인간'으로 살자.

우리만의 든든한 밥통을 만들어 보자.

ONLY
ONE

내가 나를 넘어서는 방법

"넌 중간이 없냐, 어떻게."

그래야 한다고 생각했다. 누가 들어도 인정하는 좋은 대학교를 나오지 못했고, 빛이 나는 토익 성적표를 가지고 있지도 못했다. '스펙'으로 내세울 것이 없다면, 죽어라 노력해야 한다고 생각했다.

사회초년생부터 9시가 출근 시간임에도 2시간 전에 회사에 도착했다. 경비 선생님께 인사드리고, 아무도 없는 사무실의 불을 켜고 들어가는 습관은 내가 직장 생활을 그만두기 전까지 계속됐다.

친한 동료들이 폭풍 키보드 소리를 흉내 낼 정도로 미리 정리된 업무들을 아침부터 처리해 나갔다. 남들은 따뜻한 커피를 마시거나 모닝 담배를 피우며 하루를 시작한다고 할 때, 난 머리가 제일 쌩쌩하고 누구의 관여도 받지 않는 그 타이밍에 일을 놓치기 싫었다.

나중에 가맹사업을 총괄하는 본부장이 되었을 때도 그 습관은 유지되었지만, 직원들에게 부담을 주지 않고자 일부러 재즈나 가벼운 브금(BGM)을 틀어 놓기도 했다.

그러고는 스스로의 행동에 취해서 나를 칭찬했다. 지금 생각해 보면 직원들이 얼마나 부담되었을까 싶다. 음악을 뚫고 나오는 강력한 비트의 키보드 리듬은 여전했기 때문이다.

본래 근면 성실해서 그런 거니 싶겠지만, 다른 사람들과 마찬가지로 겨울 아침에는 이불을 박차고 나오기 힘들다. 그럼 왜 그렇게 '부지런함'에 매몰되었을까? 곰곰이 돌이켜보면 두 가지 생각이 나를 옭아매고 있었다.

첫째, 일에 쫓기는 것을 싫어했다

일이 여유가 있었다면 아침에 학원도 다니고 자기 계발도 했겠지만(물론 늦잠을 선택했을 것 같..) 직장인 대부분은 좋든 싫든 하루에 해야 할 일들로 촘촘하게 꽉 차 있다. 나 역시 마찬가지였다.

주니어 시절에는 가맹점 순회와 내부에서 해야 하는 서류 업무들이 늘 밀려 있었고, 관리자가 되어서는 수많은 유관부서와의 회의와 현장 업무들이 겹쳐 있었다.

그렇게 하루를 보내고 나면 보람 대신 해야 할 일들이 밀려 있다는 사실에 조급함이 생기고 답답했다. 하루를 보내는 와중에도 내 일을 쳐내야 한다는 생각이 겹치면서 긍정적인 페이스를 찾기 힘들었다.

일과 시간에 아무에게도 방해받지 않는 것은 적어도 내 직장 생활에는 꿈같은 일이었다. 외근과 내근, 미팅과 보고. 서로 반대 기질을 가진 업무 환경과 다양한 역할 속에서 나만의 업무 밀도를 유지하고 루틴을 찾기란 정말 어려웠다.

일이 쌓이는 것이 꼭 나의 부족함이 쌓이는 것으로 생각되었다. 프로페셔널하지 못하다고 생각했고, 그 문제가 철저하지 못한 나의 시간 관리에 있다고 단정했다.

퇴근 시간이 되어도 끝났다는 생각이 들지 않았다. 어차피 해야 할 일들의 아우성을 외면하기 찝찝했다. 그렇게 다시 자리에 꾸역꾸역 앉아 속도도 나지 않는 일을 했다. 종종 찾아오는 '왜 나만'이라는 생각과 함께 말이다.

둘째, 몰입이 과했다

잘난 것이 없다면 '열심히'라도 해야 한다고 생각했다. 첫 직장 생활이 자동차 세일즈맨이었기 때문에 나는 월급에 대한 개념이 달랐다.

내가 한 만큼 수당을 받아가는, 철저하게 정직했던 영업의 테두리 속에서 1,000만 원이 넘는 수당이 통장에 입금된 적도, 빵과 김밥만으로 끼니를 때워 가며 브로슈어를 돌리던 때도 있었다.

최저 월급을 받으며 시작한 외식 프랜차이즈 가맹본부 시절 내내 '월급'이라는 것은 나에게 있어 시간을 채우고 버티면 자연스럽게 들어오는 돈이 아니었다. 이 무슨 MSG를 한 트럭으로 들이붓는 이야기냐고 생각할 수 있지만, 나는 그랬다.

좋게 보자면 자기 주도적이고 혁신적인 직장인 마인드를 가졌기 때문이라고 할 수도 있겠지만, 사실은 내가 눈치를 많이 보는 사람이었기 때문이었다.

나 자신에게 떳떳하려 했던 것도 남에게 밉보이고 싶지 않다는 마음이 컸다. 나를 계속 증명하려 했던 것도, 조직에서 인정받고 싶었기 때문이었다. 당시만 해도 그것이 나를 위한 최선이라고 생각했다. 그럴수록 나는 '마이웨이'를 외치지 못했다.

계속 주변을 의식했다. 주위 동료, 상사, CEO 그리고 부하직원들까지. 내가 하는 역할은 캐릭터가 되었고, 그 캐릭터의 정체성을 유지하고 싶어 했다.

자신에게 너그럽지 않다 보니 계속 쫓기듯이 일을 갈구했다. 일을 잘한다는 말을 들으며 함께 전달돼 오는 다른 일들을 아무렇지 않게 받았다. 그리고 혼자 괴로워했다.

한창때인 과장 직급을 달고 일할 때는 정말 무서운 캐릭터가 되어 있었다. 마음의 융통성이 없었고, 유관부서와의 전투(?)도

피하지 않고 마구 들이대던 시기였다.

어느 날 프랜차이즈 입문 초기 때부터 함께하며 새로운 직장도 함께 다닌 동갑내기 친구가 술을 마시자고 했다. 서로 다른 부서에 있어서 만날 일도, 이야기를 나눌 일도 많지 않았던지라 편한 마음으로 예전 추억을 안주 삼아야지 하던 나에게 친구가 진지한 표정으로 전한 말은 정말 충격이었다.

"그거 아냐? 넌 괴물이 되어가고 있어."

나와 상대적으로 의견 충돌이 많은 부서에 속한 친구다 보니 나에 대해 좋지 않은 평가와 이야기를 듣다 듣다 꺼낸 말이지만, 결과적으로 그 말은 거침없이 달리던 나에게 브레이크가 되어 주었다.

그 말을 들은 직후에는 발끈하긴 했지만, 그때부터 나는 마음속의 지나친 의무감과 책임감을 내려놓기 시작했다. 물론 그 친구는 지금도 주짓수를 함께하고 때로는 맥주 한 잔에 격의 없는 조언을 주고받으며 나에게 큰 힘이 되어 주고 있다.

누구나 가면을 쓰고 있다. 나의 일, 나의 역할에 맞는 가면을 쓰며 오늘을 보내고 있다. 누군가는 그 가면이 여러 개라서 상황에 따라 바꿔 쓸지도 모른다.

나답게 산다는 것이 무엇일까? 나는 그것을 내 가면과 혼동하여 살아왔다. 나는 나일 뿐인데, 조직 속의 내 역할에 너무 몰입하며 나를 일체화시키려 했다.

새벽부터 밤까지 열심히 일하는 나를 보며 스스로 심리적인 보상을 주려 했다. 그런 시간이 쌓이면서 높아진 일에 대한 나의 기준은 주변을 힘들게 했다. 물론 가장 힘든 것은 나였을지 모르겠지만 말이다.

잠깐만, 아주 잠깐만 생각해 보자.

내가 누구인지, 지금 어떻게 살고 있는지.

답을 내리려 하지는 말자.

자기다움을 찾는 것은 평생의 과제니까

그저 아주 잠깐 생각만 해 보자.

어쩌면 지금이 우리의 가면을 재정비할 시간일지도 모른다.

66

나와 상대적으로
의견 충돌이 많은 부서에 속한 친구다 보니
나에 대해 좋지 않은 평가와
이야기를 듣다 듣다 꺼낸 말이지만,

결과적으로 그 말은
거침없이 달리던 나에게
브레이크가 되어 주었다.

99

ONLY
ONE

실행

ONLY
ONE

행동은 안 하는데 기대만 하는 이유

행운을 바라는 것은 누구나 마찬가지다.

행복을 바라는 것은 누구나 하는 생각이다.

하지만 바라는 것만으로 변하는 것은 아무것도 없다. 행동해야 꿈이 현실로 바뀐다. 그것이 핵심이다. 무서운 것이 나이를 먹어갈수록 더 냉정해지고, 더 어려워진다. 바라는 것만으로도 책임을 져야 하기도 한다.

그러다가 아무것도 바라는 것이 없는 단계에 도달한다면 아마 둘 중 하나일 것이다. 로또 당첨으로 먹고살 걱정이 없어졌다든지, 삶에 대해 정신적인 포기 단계까지 피폐해졌다든지... 물론 후자일 확률이 훨씬 높겠지만 말이다.

구직 사이트에 올려놓은 일반적인 이력서로 직무와 연봉을 대략 확인하고 입사 지원 버튼을 클릭한 후 결과를 기다리는 A라는 구직자가 있다.

반대로 회사의 홈페이지와 SNS, 언론보도 그리고 소셜 미디어 분석까지 마친 뒤에 그 회사에 맞는 연출과 내용으로 의지를 담은 이력서를 보내 놓고 결과를 기다리는 B라는 구직자가 있다.

아무래도 마음이 가는 구직자는 B일 것이다.

그러나 변수는 있다. A라는 사람이 스펙이나 자격증, 학력 등의 객관적 조건 값에서 앞설 수는 있다. 하지만 B라는 사람은 행운을 움직였다. 입사를 희망하는 회사 이름이 제대로 한 번 들어가지 않는 자기소개서가 의외로 많다는 것을 B는 알고 있었다.

그래서 서류를 확인하는 심사관에게 본인의 이력서가 '온리원'이라고 느낄 수 있는 장치를 만들었고, 기본 스펙을 커버할 수 있는 '정성'이라는 가치를 이력서에 넣었다.

회사에서 권장하는 입사 조건에 부족하다고 내 노력까지 부족해지면 안 된다. 그럴 바에는 지원하지 않는 편이 낫다. 물론 결과는 어떻게 될지 모른다.

하지만 최선을 다했다면 분명 그 과정에서 얻어지는 인사이트가 있다. 바로 이 부분이 상당히 중요하다. 다음에는 내용을 더 짜임새 있게 보완해야겠다고 느낄 수도 있고, 프로필 사진을 다시 찍어야겠다는 생각을 할 수도 있다.

인사이트, 통찰력이라는 것은 행동에 대한 복리 개념으로 보면 된다. 그렇게 나아지는 모습은 행동했기 때문에 경험할 수 있는 과정이다. 그리고 그 과정이 쌓여야 나만의 차별화된 무기로 단단해질 수 있다.

우리는 기본적으로 자기 경험과 판단에 대해 의존하는 경향이 강하다. 내가 겪은 직장 생활이 전부라고 착각하기도 한다. 또한 처음 업무를 배웠던 상사와 비슷한 관점을 기준으로 업무를 정의하기도 한다. 하지만 내 경험이 전부가 아니다. 내 판단을 철학화 하지 말자.

직장 생활만이 아니다. 살다 보니 모든 순간이 그렇다. 개인적인 판단, 연애 문제, 사회적 현상에 대한 관점, 크고 작은 모든 판단이 그렇다. 인생이라는 것이 선택 속에서 만들어진다는 것을 안다면 그 선택이 올바르게 이루어져야 하는 비중을 높여야 하는데, 그건 입체적인 경험과 배움에서 오는 '통찰력'이 쌓여야 가능하다.

그리고 그 통찰력은 절대 생각만 해서는 생기지 않는다는 것을 기억해야 한다. 행동으로 옮겨야 비로소 그것의 알고리즘이 작동해서 나에게 피드백이 되고, 인생의 캐시백이 될 수 있음을 기억해야 한다. 물론 대소사 가릴 것 없이 지르고 보자는 식의 접근은 마이너스가 될 수도 있다.

행동이라는 선택의 기로에 섰을 때 다음의 세 가지 핵심 키워드를 염두에 두면 좋다.

첫째, 본질

판단에 있어 이것을 왜 선택해야 하는지, 무엇을 위해 하는지를 다시 한번 곰곰이 생각하자. 본질이 뚜렷하고 강할수록 선택은 쉬워진다. 본질은 나와 조직을 위한 판단에서 가장 우선시되어야 하는 '왜Why'에 근접한 영역이다. 그만큼 나의 정체성과 판단 기준도 함께 동기화된다면 좋은 선택을 할 수 있는 확률이 높아진다.

둘째, 타이밍

빠른 변화와 속도전의 시대에서 시의적절한 판단을 하는 것은 개인이나 조직 모두에게 중요한 요소다. 모든 사람에게 때가 있듯이(#아재출동), 모든 판단에도 때가 있다. 나의 행동과 선택이 자신에게 요구하는 것과 일치하는지, 조직의 목표와 방향에 부합하는지 생각하자. 그것이 지금 시점에 들어맞는지를 같이 판단하면 더 좋다. 융통성과 센스 지수도 함께 올라갈 것이다.

셋째, 기회비용

인생의 시간이 흘러갈수록 기회비용에 대한 무게감을 크게 느끼게 된다. 시간은 유한하고, 청춘과 젊음 역시 의외로(?) 빨리 흘러간다. 가정을 꾸리거나 스스로 생활을 유지해야 할 때가 오면 그만큼 우리의 시간과 판단이 경제적인 요소와 직결되는 비중이 높아진다.

그래서 내가 하고자 하는 선택을 통한 결과가 내 삶의 일부분에 어떤 영향을 미치는지를 훈련하다 보면, 당장은 아니더라도 쌓이고 쌓여 좋은 리듬을 만들어 내는 데 도움이 될 것이다. 나의 30대 이후의 판단을 미리 준비한다고 생각하면 좋다.

그렇다고 모든 선택을 복잡하게 가져갈 필요는 없다. 툭 쳐낼 수 있는 것은 가볍게, 시간이 필요한 것은 성급하지 않게 결정하는 것이 필요하다. 그렇게 20대 시절에는 여러 경험을 다양하게 시도해 보는 것이 좋다. 그러한 도전의 과정에서 일어나는 모든 '행동력'이 인사이트가 되어 30대 이후의 삶에 좋은 자극을 주기 때문이다.

기억하자.
주위 말만 듣고 망설인다고 삶이 나아지지 않는다.
행동해야 얻을 것이 생긴다.
지금 바로 우리가 움직이기 시작해야 하는 이유다.

ONLY
ONE

멘토를 찾아서

"믿는 거지. 친구란 그런 것이니까."

— 영화〈니모를 찾아서(2003)〉중에서

세계적인 히트를 기록한 디즈니 픽사의 애니메이션 〈니모를 찾아서(2003)〉는 아들 '니모'라는 물고기를 찾기 위한 아빠 '말린'의 여정과 재회하기까지의 과정을 그린 작품이다.

여기서 아빠 물고기 말린은 동반자인 도리와 함께 산전수전을 거치며 아들을 찾는 여정을 떠나게 된다. 중간에 상어나 펠리컨 떼를 만나서 어려움을 겪지만, 거북이 친구들의 도움을 받으며 아들 니모에게 조금씩 가까워져 간다.

이 영화에서는 '함께'라는 가치를 강조한다. 혼자서 하기에는 불가능한 일을 '함께'서 해결해 나간다. 혼자였다면 포기했을 순간을 함께 버텨내고, 혼자였다면 감당하기 어려운 시도도 서로 응원하며 함께 행동으로 옮긴다.

> **멘토**
> 경험과 지식을 바탕으로 다른 사람을 지도하고 조언해 주는 사람

나의 젊은 시절 멘토로 여겼던 이는, 당시 EPL 토트넘에서 뛰고 있던 이영표 축구선수였다. 힘들고 지칠 때면 이영표 선수가 했던 어록 이미지들을 보며 의지를 다졌다.

항상 가슴에 기억하려 했고, 실제로 많은 순간마다 힘이 되었다. 이영표 선수처럼 유명한 축구선수가 되어야겠다는 것이 아니라 '완성'이라는 것을 정의하지 않고, 끊임없이 자신을 다그치며 성장하고자 하는 노력에서 오는 한마디 한마디가 나의 사정과 생각과 잘 맞는다고 생각했다.

프리미어리그에서 활약하는 축구선수를 이적료 없이 내 전속 멘토로 임대 영입한 순간이었다.

직장에서도 보면 '상사'는 많지만 '리더'를 찾기는 어려운 시대다. 살기는 갈수록 팍팍하고, 자기 밥그릇 챙기는 것도 쉽지 않은 세상이 된 것도 분명 영향이 있다.

하지만 나는 관리자가 된 상사가 아직도 플레이어를 먼저 하려 하고, 실무자로 활약(?)했을 때의 경험을 기준으로 판단하는

작은 행동 습성도 이유가 된다고 생각한다. 물론 당장 멘토로서 부하직원을 바라볼 수 있는 여유가 일과 속에 없는 것도 이유가 될 수 있겠다.

풍요 속의 빈곤이랄까? 주변을 돌아보면 이런저런 조언을 구하고 논의할 만한 사람을 찾기가 쉽지 않다. 그러나 걱정은 하지 말자. 나에게 맞는 멘토를 찾으면 된다. 멘토에 대한 갈증을 풀어내는 세 가지 방법을 전한다.

첫째, 꼭 직접 만나지 않아도 된다

멘토라고 해서 반드시 나와 안면이 있는 사람일 필요는 없다. 나의 20대에는 이영표 선수처럼 내 분야가 아니어도 내가 느끼는 갈증과 정곡을 찌르는 사람들의 말 그 자체가 멘토였다.

30대에는 내가 속한 부서가 아니더라도 보고 배울 수 있는 사람들의 행동과 말, 일을 풀어내는 과정과 능력 자체를 멘토로 삼았었다. 40대인 지금은 사업가로서 내가 닮고 싶은 사람을 나만의 멘토로 모시고 있다.

젊을 때의 꿈은 늘 새롭게 변화한다. 넓은 범위에서 나의 성장 토양을 단단하게 하는 것이 우선이기에 자기 계발이나 멘탈, 실행력과 같은 넓은 키워드의 멘토를 찾는 것이 좋다. 자주 습득하고 자각할 수 있다면 그걸로도 충분하다.

둘째, SNS 계정도 좋다

프랜차이즈 산업 입문 초기와 주니어 시절에는 회사 안에서의 업무도 잘해야 했지만, 회사 영역을 넘어선 산업 전반적인 인사이트를 간접적으로 배우고 싶었다.

그래서 SNS를 통해 산업 종사자, 컨설턴트와 이름이 알려진 전문가를 팔로우했고, 틈틈이 '#프랜차이즈'를 검색하며 관련된 글을 보기도 했다.

물론 본다고 다 습득한다는 의미는 아니었다. 그 속에서도 밑도 끝도 없이 라떼를 마시는 사람도 있었고, 안타깝게도 지나친 자기 확신과 어필만 365일 내내 하는 사람도 있었다.

물론 내가 경험하지 못했던 지식과 경험, 그리고 긍정적인 자극이 될 수 있는 포스팅도 많았다. 그렇게 알록달록한 포스팅 속에서 옳고 그름을 구분할 수 있는 나만의 판단력을 높일 수 있었다.

지금은 퍼스널 브랜딩이 많이 확산되었다. 개인 사업가들이 인스타그램을 중심으로 많은 소식을 노출하고 본인들의 삶과 가치관을 이야기한다.

5년, 10년 뒤 내 모습을 스케치하는 과정에서 영감을 얻을 수 있는 인스타그램 계정이 있다면 팔로우해 보자. 물론 그들의 결과만을 닮고 싶다는 의지는 좌절을 불러올 수도 있다.

대신 피드 속의 언어와 사진 속에서 그 과정을 간접 체험하고 인사이트를 뽑아내자. 진도를 차근차근 밟아 나가며 내 미래의 꿈에 조금씩 다가서 보자.

셋째, 한 명일 필요는 없다

멘토는 고정값이어야 한다는 법이 없다. 내 성장 단계에 따라, 내가 하는 일에 따라, 새롭게 바뀐 나의 목표에 따라 언제든 바뀔 수 있다. 특정 존재를 중심으로 삼는 것이 아니라 그 기준을 나에게 맞추는 것이 중요하다.

꼭 형태가 있을 필요도 없다. 회사나 브랜드도 좋은 멘토가 될 수 있다. 중요한 것은 그 과정을 통해서 우리가 지금을 버텨낼 힘을 얻는 것이며, 나의 통찰력과 성장 지수를 높이는 것이다.

셀프 멘토링은 비용이 들지 않는다. 많은 시간이 필요하지도 않다. 하지만 내 의지가 있어야 한다. 오늘을 내 판단대로만 사는 사람에게 멘토는 필요 없다.

하지만 세상은 녹록지 않고, 우리가 생각하는 완성형의 모습과 더 넓은 세상에서 인정받는 완성형의 모습은 많은 차이가 날 수 있다. 그것이 동사형 인간으로 계속 나아가야 하는 이유고, 그 과정이 얼마나 힘든지를 알기에 여러분에게 멘토가 생겼으면 하는 것이다.

〈니모를 찾아서〉의 아빠 말린이 어려운 상황에서도 포기하지 않은 것은 대단한 존재가 있었기 때문이 아니다. 비록 건망증은 심했지만 필요할 때 한 마디를 더해 준 친구 도리가 늘 곁에 있어 주었기 때문이다.

"Trust. It's what friend do."

믿는 거지. 친구란 그런 것이니까.
믿는 거지. 멘토란 그런 것이니까.

— 영화 〈니모를 찾아서(2003)〉 중에서

66

젊을 때의 꿈은
늘 새롭게 변화한다.

넓은 범위에서 나의 성장토양을
단단하게 하는 것이 우선이기에
자기 계발이나 멘탈, 실행력과 같은
넓은 키워드의 멘토를 찾는 것이 좋다.

자주 습득하고 자각할 수 있다면
그걸로도 충분하다.

99

ONLY ONE

프로일잘러의 비밀

누구나 인정받고 싶은 욕구가 있다. 가족보다 많은 시간을 함께하는 회사 안에서는 더욱 그렇다. 하지만 모두가 아무 조건 없이 서로 인정하고 인정받을 수 있는 회사는 없다.

물론 개중에는 눈칫밥으로 상사에게 잘 보여 나름 편하게 지내는 사람도 있고, 부하직원들을 부려가며 결과물을 만들어 내는 재능(?)이 탁월한 사람도 있다. 하지만 회사와 자신 모두에게 득이 되며, 오래 성장할 수 있는 유일한 방법은 바로 '일을 잘하는 것'이다.

아직 취업을 준비하고 있거나 사회생활을 시작한 지 얼마 되지 않은 사람들을 위해 일을 잘한다는 것에 대한 뼈대를 전하고자 한다. 여기에 살을 붙이는 것은 각자의 몫이지만 이 시스템만 인지하고 있어도 기본은 할 수 있는 바탕이 만들어질 것이다.

첫째, 일에 대한 'FM'을 배우는 것이 중요하다
정확하게 알아야 나중에 정확하게 가르쳐 줄 수 있다. 또한 그것을 토대로 정확한 응용을 할 수 있다. 부대찌개 레시피를 정확하게 알고 있어야 다른 사람이 만든 부대찌개를 정확하게 평가하고 진단할 수 있는 것과 같은 맥락이다. 초년생부터 AM 채널 주파수로 맞추어 업무를 시작하거나 융통성을 가장한 편한 업무를 추구하다 보면 그 습관이 사회생활 전체에 악영향을 줄 수 있다. 그렇게 만들어진 업무 습관은 바꾸기 어렵다는 것도 알아야 한다.

둘째, 많은 경험이다

문서도 여러 번 써 본 사람이 잘 쓰는 법이다. 협조전이나 계획서, 보고서와 같은 형태의 문서에 대한 자신감이 붙을 때까지는 용기를 가지고 많이 도전하고 경험해야 한다. 도전도 때가 있고 질문도 때가 있다. 회사에서 어중간하게 중간급이 되어 버리거나 막내 시절을 생각보다 빨리 졸업하면 일에 관해 물어보기도 난감한 시기가 온다. 그전에 경험치를 최대한으로 높여 놓는 것이 좋다.

내가 직접 할 수 있는 경험에 있어서 부서나 내 직책의 한계가 있다고 해도 방법은 있다. 특히 내 경험상 크게 효과를 본 것은 틈나는 대로 인트라넷 수신함과 참조함을 둘러보는 것이었다. 내가 속한 부서가 어떤 일을 하는지도 알 수 있고, 타 부서의 역할과 업무에 대한 시야도 넓어진다. 보통은 자기 부서 그리고 자기 일을 쳐내는 것만으로도 벅찬 시기에 조직의 업무 로직을 이해할 수 있다. 이 경험이 쌓이면 회사가 하는 일이 조금씩 눈에 들어온다. 당연히 아주 훌륭한 무기가 된다.

셋째, 일의 퍼포먼스도 중요하다

시작 단계에서는 문서나 보고를 통해 내가 하는 일의 목적과 명분을 명확하게 설명할 수 있어야 한다. 이는 경험이 쌓이면 어느 순간 업그레이드를 느끼는 단계에서 자연스럽게 도달할 수 있는 레벨이다. 기획 단계와 실행 단계에서는 다른 접근이 필요하다. 일을 진행할 때는 타임라인에 맞는 실행과 타이밍에 맞는 중간 보고로 책임감 있게 프로젝트를 관리한다는 모습을 보여 주는 디테일이 필요하다. 부서 간의 커뮤니케이션도 일을 풀어내는 방법을 배우는 데 있어서 필수 과정이다. 동시다발적인 실무들이 널려 있기에, 다른 업무도 챙기는 밸런스가 중요하다.

넷째, '보고'를 통해 명확하게 마무리 짓는 것이 중요하다

'용두사미'처럼 시작은 화려한데 끝이 어중간한 때도 있다. 하늘까지 닿을 것 같던 의지와 패기는 도망가서 없고, 넘치는 업무 속에 본인의 위치를 망각하기도 한다. 중간 과정에 대한 보고는커녕, 프로젝트 결과 보고를 깜박 잊어버리는 경우도 비일비재하다. 이것은 굴러들어온 복을 제 발로 차버리는 격이다. 반대로 이야기하면 결과가 어떻든 간에 그 과정에서 최선을 다했다면 충분하다는 것이다. 성과에는 변수들이 많이 작용할 수 있고, 나만 잘한다고 해서 프로젝트 진행이 원하는 대로 흘러가지도 않기 때문이다. 물론 결과만을 보고 프로젝트 전체의 가치를 단정지어 버리는 '상사'도 있다.

여기서 마음 편해질 수 있는 팁!

상사가 전부는 아니라는 것을 반드시 명심하자. 물론 회사에 다닐 때는 내 업무와 직접적으로 관련이 있고 연차 결재부터 인사평가까지 대부분의 권한을 가지기에 그 지배력이 상당하다고 느껴지기도 한다. 게다가 팀의 화합보다 자신을 보호하는 데만 관심이 있는 상사, 주간 회의 자료에 넣어야 할 그럴듯한 숫자가 안 나오면 전후 사정 청취나 대안 없이 분노만 하는 상사도 많이 있는 것이 사실이다. 그런 현실이 유튜브의 상사와 관련된 검색 키워드를 대변하기도 한다.

무엇보다 일을 잘하기 위해서는 실패를 두려워하지 않는 것이 중요하다. 상사의 질책도 내가 100%로 받아들일 필요는 없다. 맞는 말이면 인정하고 다음에 실수 없이 잘하면 된다. 처음부터 잘하는 사람은 없다. 나 스스로 잘한다는 정의를 처음부터 높게 잡을 필요도 없다. 실체 있는 노력이 전제된다면 시간과 실력은 비례하여 늘어난다. 분명 내 실력이 늘었다는 것이 느껴질 때가 온다. 그때까지는 용기를 내는 것이 가장 현명한 방법이다.

일을 돋보이게 하다 보면 일감들이 내게 몰아칠 때도 있다. 불편하고 불평등하다고 느껴진다. 지금의 일들도 많은데 이게 뭔가 싶기도 하다. 물론 어려운 생각의 전환이겠지만 '내가 평소에 잘했기 때문에 얻을 수 있는 일'이라고 생각을 바꿔 보자.

인정받지 못하면 일감도 줄어든다. 바쁜 식당에서 일하는 아르바이트가 한가한 식당에서 눈치 보는 아르바이트보다 몸은 힘들지언정 마음은 편하고 시간도 빨리 간다고 느낀다. 악플이 무플보다 낫다는 말도 있지 않은가? 여러분의 존재감이 당장에는 업무로 전해지더라도 분명 나중에 진짜 선물로 돌아올 것이다.

누구나 인정받고 싶어 한다.

관점을 바꿔보자.

나부터 나 자신을 인정하는 것으로,

실체 없는 칭찬이 아닌

내 위치와 내 현실을 직시하는 것으로,

자기 주도적인 도전이 시작되는 그때

우리는 자연스럽게 프로일잘러의 길로 들어서게 될 것이다.

ONLY ONE

자신감 vs 자존감

"진실의 방으로"

가맹사업본부장을 맡고 있던 시절, 가끔 후배 직원들이 개인 상담을 요청할 때가 있다. 회사 일이나 업무에 대한 부분이면 회사안 미팅룸에서 이야기를 나눈다. 그런데 그 고민의 범위가 개인의 삶으로 넘어갈 때가 있다.

그 당시 근무하던 회사 앞의 건물 1층 편의점 앞에는 조경 인테리어를 멋지게 만들어 놓은 공간이 있었다. 후배 직원과 함께 마실 것을 손에 들고 이야기를 나누는 곳, 바로 그곳이 개인의 삶에 대한 고민을 듣던 내 진실의 방이었다.(혹시라도 고민 상담을 해 오는 후배에게 오토바이 헬멧을 씌우는 상상을 하면 곤란하다. 그 진실의 방이 아니다)

이직 고민이나 진로 결정에 관한 이야기, 가족에 대한 상황, 개인 연애사까지, 다양했지만 진지한 이야기들이었다. 각자에게는 중요한 이야기였고, 그런 이야기를 듣는 것만으로 고마움을 느꼈다. 나 또한 누군가 나의 이야기를 들어주는 것만으로도 힘이 될 때가 있는데, 그들에게 그런 위로가 되어 주고 싶었다.

개인적으로 상사라고 조직원의 개인적 영역을 먼저 참견하는 것을 좋아하지 않는다. 내가 당사자도 아니고 서로의 생각과 관점이 다른데, 내 경험을 마치 정답이라고 생각하듯이 훈수하는 상사 역시 싫어했었다.

회식 때도 마찬가지다. 전체 부서 회식 때도 '일장 연설'은 절대 하지 않았다. 대신 재미있는 시간으로 만들고 싶어 이런저런 이벤트를 기획하거나 개그 소재들을 미리 준비하기도 했다.(물론 함께 자리했던 직원들은 힘들어했을 수도 있다. 미안하다)

그래서 먼저 상담을 요청해 오는 사람의 간절함은 더더욱 놓칠 수가 없었다. 최선을 다해 들어주고, 상대방의 처지에서 최고의 선택을 할 수 있는 나름의 조언을 아낌없이 해 주었다. '진실의 방'으로 데리고 간 것도, 사적인 일이라면 회사 밖에서 이야기를 나누는 것이 좋겠다고 생각했기 때문이다.

"자신감은 잃어도 좋아. 그런데 자존감까지 가면 안 된다."

이야기 끝에 늘 하던 말이었다. 두 단어는 비슷해 보이지만 큰 차이가 있다. 자신감은 말 그대로 '자신이 있다는 느낌'이고, 자존감은 '스스로 품위를 지키고 자기를 존중하는 마음'이라는 의미를 담고 있다.

특히 사회초년생일수록 회사에서 자신감을 잃는 경우가 많다. 일에 익숙하지 못하고, 회사라는 곳이 환경도 생소하고 무엇보다 각기 다른 부서의 목표를 중심으로 수많은 사람이 모인 어려운 공간이기 때문이다.

직장 생활 초반에는 내 의지대로 쉽게 이루어지는 일이 거의 없다. 시키는 일만 잘하는 것도 버겁고, 사람 관계 속에서 긴장과 어려움을 느끼기 일쑤다. 현실과 이상이 따로 노는 상황들을 자주 접하면서 '이게 뭔가...' 하는 생각도 자주 하게 된다.

유튜브에서 '1,000만 원 수익을 창출하는' 영상을 찾아보지만, 당장 내 하루는 변함없이 그대로이다 보니 조바심과 소외감만 느껴지기도 한다.

나 역시 마찬가지였다. 오랫동안 프랜차이즈 산업에서 실무와 프로젝트를 해 오며 프랜차이즈 콘텐츠 사업까지 하고 있기에 '전문가'라는 단어를 쓸 수도 있지만, 개인적으로 그 단어를 좋아하지 않는다.

실제로 전문가라고 생각하지 않을 뿐더러, 명사같이 고정되고 정체된 느낌이 '동사형 인간'을 추구하는 나의 철학과도 맞지 않기 때문이다.

내가 말하고 싶은 것은 '시간이 필요하다'라는 것이다. 당장 조급해 한다고 달라지는 것은 없다. 유튜브 영상을 아무리 보더라도 행동으로 옮기지 않으면 금세 휘발되어 버리는 것과 마찬가지다.

회사 안에서 캐릭터가 만들어지고 잘하는 영역을 인정받는 것은 순식간에 이루어지는 것이 아니다. 가장 먼저 시간이 필요하다는 것을 인정하고 받아들이자. 그럼 단편적 상황이나 회사 스트레스로 자신을 믿지 못하는 상황까지는 절대 가지 않는다.

자존감은 잃는 것이 아니라 보호하는 것이다. 회사가 내 평생을 함께할 것도 아니고, 무엇보다 회사에서의 역할이 내 모든 것을 의미하지도 않는다. 퇴근하고 회사 밖을 나오면 그 역할은 일시 정지된다. 퇴사하고 나면 힘들었던 순간과 사람들도 순식간에 과거가 되고 남남이 된다. 그렇게 생각하면 자신감이 아닌 자존감을 건드리면서까지 자신을 낮출 필요는 없다는 이야기에 충분한 설득력이 붙는다.

자신감은 급속 충전이 되지만 자존감은 그렇지 않다. 자신감은 그 리듬 곡선의 편차가 커도 되지만 자존감은 그렇지 않다. 나라는 존재 100%를 어려운 상황과 환경에 전부 갈아 넣지 말자. 그리고 당장 오늘 하루와 일주일을 보잘것없다고 느끼지 말자.

분명하게 말할 수 있다. 지금의 감정과 상황은 어떤 식으로든 미래의 근육이 된다. 대신 현재의 내가 떳떳하고 최선을 다하면 된다. 그렇게 자신의 발자취에 확신을 두고 믿고 가야 한다.

앞으로도 힘들고 머리 아픈 일들이 많이 생길 텐데, 그때마다 자신을 의심하고 자극한다면 우리의 삶은 건강하게 흘러가지 못할 것이다.

회사 안에서의 역할이 100%가 아니다. 회사는 우리를 100% 알지 못한다. 그것은 상사나 동료도 마찬가지다. 마음의 기준을 세우면 의외로 많은 고민이 마음 앞에서 멈추게 된다.

처음부터 완벽한 사람은 없다. 완성을 위해 나아갈 뿐이다.

완벽해야 나 자신을 인정한다고?

그것만큼 자신을 잘못 갈아 넣는 지름길이 없다.

우리는 충분히 잘하고 있다.

다만 그 중심에 있어서 알아보지 못하는 것일 뿐이다.

우리의 자존감을 계속 단단하게 보호해 주자.

ONLY
ONE

가족, 소중하지만 어려운 이유

상당히 개인적이고, 남에게 쉽게 이야기하지 않는 주제 중 하나가 바로 '가족' 이야기다.

가족이라는 울타리와 관계를 통해 행복과 사랑을 느끼는 사람들이 많은 만큼 그렇지 못한 사람들도 많다. 특히 그중에서도 부모님이라는 존재는 어떤 의미든 간에 특별하다.

살아가면서 대부분은 두 가지 역할을 경험한다. 하나는 자식으로 사는 삶 그리고 하나는 부모로서의 삶이다. 두 가지 역할 중에서 '자식' 역할에 있어서는 졸업이 없다.

물론 각자마다의 사연을 가지고 있겠지만, 대부분 부모님과의 연결고리는 성인이 되어서도 계속 이어진다. 삶의 많은 부분에서 부모님의 영향을 받는다. 유전적인 기질에 후천적인 경험들까지 포함하여 말이다. 이는 성인이 되어서도 나를 빛내 주는 바탕이 되기도, 나를 괴롭히고 옭아매는 가시가 되기도 한다.

"내 마음대로 되지 않는다는 것"

나 역시 자식과 부모의 삶을 살고 있지만, 두 역할 모두 여전히 부족한 것이 많고 제대로 하지 못한다는 생각을 떨쳐낼 수가 없다. 특히 부모님을 위한다는 내 생각이나 말이 가끔은 '잘 안 통한다'라고 느끼는 순간들이 있다.

자식도 독립된 별개의 자아라고 생각하지만, 그것은 부모님도 마찬가지다. 부모님께 '이런 생활을 하거나 이렇게 생각을 바꾸었으면 좋겠다'라고 말한다고 당장 바뀔 수 있는 부분이 아니다.

훨씬 더 많은 삶을 살아오면서 단단해진 당신들만의 세계와 사고는 자식의 말 한마디에 바뀌기가 쉽지 않다. 그런데도 '자식의 정'이라는 명목으로 부모님께 어려운 과제를 강요하고 있는 것은 아닌지 생각해 볼 필요가 있다.

우리는 온전한 자아가 형성되기 이전부터 부모의 말, 태도, 언어 그리고 당신들과의 다툼까지 대부분의 영역을 함께하며 성장한다. 그 경험은 훗날 독립하더라도 크고 작은 영향을 준다.

나의 아버지는 경찰 공무원으로, 엄하고 시간 약속에 민감한 스타일이셨다. 그래서 결혼 이후에도 부모님과의 약속에 조금이라도 늦을 것 같은 상황이 되면 컨디션을 엉망으로 망치기 일쑤였다.

스스로 강박을 고치기까지 상당 시간이 걸렸다. 마음을 어느 정도 놓아야 가능한 일이었다. 나와 비슷한 경험이나 고민을 가진 사람들이 많을 것이다.

부모님과의 관계에 대한 '솔루션'을 전하기에는 그 관계의 밀도가 높고 범위가 넓다. 우선 생각의 프레임에서 빠져나오는 것이 중요하다. 나에 대해 단정짓는 부모님과의 경험과 부모님의 기준 그리고 부모님을 어떻게든 만족시키려는 생각의 상자 밖으로 나오려고 노력하는 것이 중요하다.

표면적으로 부모님을 통해 받는 상처 강도를 100이라고 가정하면, 그 강도가 나에게는 150, 200까지 치솟아 스스로 상처 농도를 짙게 만들어 버리는 상황에 이른다. 그리고 150, 200을 모두 부모님의 탓으로 돌리며, 의식적이든 무의식적이든 부모님이라는 울타리를 벽으로 만들어 버리지 않았는지 돌아볼 필요가 있다.(물론 정말 어려운 영역이다)

나 역시 부모님과 관련된 일로 힘들어질 때면 차라리 일이 엄청 많거나 일에서 받은 스트레스가 훨씬 낫다고 생각해 왔다.

또 하나의 방법은 빈도를 줄이는 것이다. 유튜브 채널 '김작가 TV'의 김도윤 작가가 말하는 가족 이야기 영상에서 인사이트를 얻었다.

사람은 바뀌기 어렵고 경험은 쉽게 지워지지 않는다. 그리고 부모님을 뵐 때마다 마음의 생채기가 생긴다면, 그 만남의 빈도 자체를 줄이는 것도 방법이다.

그렇다고 일 년에 한두 번 뵙는데 그 외에 연락이 아예 안 되는 상황으로 만들자는 이야기가 아니다. 내 마음이 불편하지 않은 선에서 메신저나 전화 등의 방법을 통해 연락을 하는 간격의 기준을 정해 놓으면 좋다는 것이다.

나는 부모님과의 관계에서 명확한 기준이 하나 있다. 바로 부모님께서 혹시나 소천하시더라도 후회하지 않도록 판단하고 행동하자는 것이다. 물론 이렇게 이야기해도 그 기준에 미치지 못하는 모습을 보일 수도 있다. 하지만 적어도 그 생각을 놓치지는 않고 있다.

그리고 내가 부모의 입장이 되었을 때의 기준은 '버려야 한다'라는 것이다. '좋은 부모'에 대한 자신만의 정의를 내려야 하며 점검해야 한다. 반면교사 삼는다는 것은 생각만큼 절대 쉽지 않다.

가족이라는 것이 얼마나 소중한 단어인가. 물론 완벽한 사람은 없다. 아무리 피가 섞였더라도 서로 다른 사람들인 것은 명확하니 얼마나 어렵겠는가.

혹시나 가족 문제로 고민이 된다면, 그대로 인정하자. 가족 문제는 세상 그 어떤 것보다 어려운 주제다. 그렇게 인정하고, 내려

놓으면서 내 생각도 조금씩 정리해 보자. 그 과정을 통해 조금의 편안함이 더해지길 바라본다.

ONLY
ONE

브랜딩

ONLY
ONE

나를 브랜딩하라

마케팅이나 광고, PR 등을 특정 직업군으로만 생각하는 사람들이 많다. 마케팅 부서가 아니기에 마케팅할 필요가 없다고 생각하거나 관련된 학과를 졸업해야 관련 마케팅 업무를 할 수 있다고 생각할 수 있다. 물론 틀린 말은 아니다. 하지만 지금을 살고 있다면 미래의 로드맵을 단단하게 만들기 위해서라도 키워드에 대한 다른 각도의 접근이 필요하다.

내가 외식 프랜차이즈 가맹본부에서 실무를 가장 오래 한 회사는 우리나라 한식 프랜차이즈에서 빼놓을 수 없는 '놀부'라는 회사다. 2011년 오너 회사에서 M&A(인수합병)가 된 이후 전문경영인 체제로 바뀌었는데, 그즈음 가맹관리 부서에만 있던 나는 여수 엑스포 식음 매장 프로젝트를 잘 마무리한 덕에 마케팅팀으로 발령받았다.

그 당시의 나는 마케팅의 '마'도 모르는 상태였다. 내가 가서 괜히 민폐만 끼치는 것은 아닌가 하는 의구심과 가맹점을 관리하며 느끼고 경험한 부분들을 이번 기회에 잘 살려서 다른 결과를 만들어 내야겠다는 자신감이 함께였다.

마케팅 관련 책들을 쉴 새 없이 읽어 나갔고 외부의 다양한 마케팅 과정도 들어가며 나를 부서와 역할에 맞춰 나갔다.

그때의 시간을 되돌아보면 웃프던 시간이 더 많았다. 하지만 결과적으로는 다양한 마케팅 캠페인, 프로모션, 광고 촬영, SNS 및 신규 브랜드 론칭, 메뉴 출시 등 엄청나게 많은 마케터로서의 경험치를 쌓을 수 있었다.

물론 시행착오도 많이 겪었지만 분명 나에게 근육이 되고 마케팅 실무에 대한 바탕이 된 시간이었다. 그 덕분에 마지막 직장 생활에서의 가맹사업본부장 시절 마케팅 부서와의 협업도 매끄럽게 잘 풀 수 있었다.

마케팅과 브랜딩

얼핏 비슷한 단어이다. 교집합 영역이 있는 것도 맞지만 확실한 차이가 있는 단어다. 나 역시 오랜 시간 그 개념을 혼동하였고, 사업을 하면서도 명쾌하게 한 문장으로 설명하지 못했다.

그런 부족함을 채우고자 브랜드 전문가 과정을 들으면서 명쾌하게 '마케팅'과 '브랜딩'에 대한 정리를 할 수 있게 되었다.

마케팅, 나를 알리는 것

브랜딩, 나를 좋아하게 하는 것

한국브랜드마케팅연구소의 대표이자 브랜드 전문가 과정의 주임교수인 박재현 교수님이 마케팅과 브랜딩을 정의한 말이다. 마케팅은 '내가 있음을 어필하고 알리는 활동'으로, 그 안에 프로모션이나 광고, 홍보 활동 등이 포함된다.

반면에 브랜딩은 꾸준한 활동을 통해 '나'를 좋아하게 만들고 '나'를 먼저 찾게 하는 것으로, 짧은 시간에 단편적으로 만들기 어려운 영역이다. 또한 그 브랜드가 가지고 있는 본질적인 요소와 가치 또한 정말 중요하다.

마케팅원론만 해도 수백 페이지에 달하고 그 개념 또한 소비자와 시장 환경의 변화로 계속 발전하고 있는 만큼 여기서 더 깊이 들어가는 것은 한계가 있다. 하지만 우리가 정말 중요하게 생각해야 하는 것은, 나 자신을 어떻게 브랜딩할지에 대해 스스로 정의를 내릴 줄 알아야 한다는 것이다.

나를 브랜딩한다는 것은 나의 강점을 잘 살려서 자신을 하나의 콘텐츠로 만드는 것이다. 그 콘텐츠는 긍정적이고 호감을 줄 수 있어야 하며, 무엇보다 내가 제일 편할 수 있는 정의가 되어야 한다.

반드시 외부나 타인을 위한 어필의 목적일 필요는 없다. 성향이나 일의 성격에 따라서 그런 것들이 필요 없음에도 다른 채널이나 사람들의 어필과 SNS 활동을 보며 나도 저렇게 해야 하는지를 고민할 필요가 없다는 뜻이다.

나의 정체성을 잘 담은 한 문장으로도 브랜딩이 완성될 수 있다는 의미는 결국, 퍼스널 브랜딩의 본질은 나를 위한 것이어야 한다는 뜻이다. 그리고 그것은 누가 쉽게 판단할 수 없다는 뜻이기도 하다. 물론 그만큼 상당히 어렵고, 오랜 시간이 걸릴 영역이기도 하다.

어쩌면 SNS를 시작하라는 이야기로 생각할 사람도 있을 것이다. 또는 마케팅을 전공하지 않았거나 관련 현업을 하고 있지 않기 때문에 해당 사항이 없다고 미리 단정지을지도 모른다.

하지만 궁극적으로 내가 하고 싶은 이야기는 어떤 방향이나 방법이든 간에 우리가 더욱 성장하기 위해서는 스스로가 누구인지를 명확하게 정의할 수 있어야 한다는 것이다. 그 안에서 내가 무엇이 되고 싶은지, 내가 무엇이 부족하고 무엇을 잘하는지, 어떤 일을 하기 원하고 또 그 일을 좋아하는지가 담겨야 한다는 것이다.

퍼스널 브랜딩의 방향은 결국 자신을 향해 있어야 한다. 내가 전혀 준비되지 않았는데 SNS에서 본 화려한 누군가의 모습을 무작정 따라 하려는 브랜딩은 가짜다. 자신의 내면과 제대로 들여다볼 수 있어야 하며 스스로가 떳떳해야 한다.

그것이 지금 우리가 펼쳐나가야 할 길이고
그 길에는 부단한 노력과 실천이 필요하다.

15년 전 마케팅에 대한 기본 지식도 없고 4P가 무엇인지도 몰랐던 내가 지금 프랜차이즈 콘텐츠 마케팅 회사를 운영하고 있다. 안 되는 것은 없다. 노력과 실천이 있다면 누구나 할 수 있다.

ONLY
ONE

프레젠테이션을 잘하는 노하우

> **프레젠테이션(presentation)**
> 시청각 자료를 활용하여 사업 따위의 계획이나 절차를 구체적으로 발표
> 하는 활동

대부분 남들 앞에서 발표한 경험이 있을 것이다. 꼭 갖춰진 발표 자리가 아니어도 된다. 어릴 적 웅변대회나 노래자랑 같은 경험을 떠올리면 된다. 그때를 떠올려 보면 누군가는 부끄러워서 어쩔 줄 몰라 하기도, 누군가는 그때의 자신감을 기분 좋게 떠올릴 수도 있다.

프레젠테이션의 사전적 정의는 매우 협의적인 표현이다. 물론 실제로 저렇게 인식되고 있고, 회사 생활에서도 잘 쓰이지 않는 단어일 수는 있다. 하지만 조금만 다른 관점에서 보면 프레젠테이션은 '나를 표현하는 무대'라는 의미로 넓힐 수 있다.

무대의 규모는 상관없다. 청중이 한 명뿐이라도 괜찮다. 그곳의 공기를 내가 의도한 대로 바꿀 수 있는 것이 프레젠테이션이

다. 나의 목적과 청중의 바람이 일치하는 쾌감을 느낄 수도 있고, 나를 표현하는 또 하나의 방법이기도 하다.

그렇게 프레젠테이션의 정의를 다르게 가져간 뒤에 경험을 쌓아가다 보면 그것이 삶에 주는 역할과 에너지가 작지 않음을 깨달을 수 있다. 그것이 프레젠테이션을 잘하는 첫 번째 방법인 '생각 전환'이다.

프레젠테이션은 인생과 비슷하다. 노력한 만큼 결과가 나온다. 선천적인 기질과 상관없이 경험과 자신감이 비례한다. 겉으로 드러나는 '발표' 속에 많은 '자기다움'을 녹여낼 수 있다.

무슨 말인지 헷갈리는 사람들을 위해 내가 왜 프레젠테이션 예찬론자가 되었는지 이야기하고자 한다.

내가 '프레젠테이션'에 관심을 가진 결정적 계기는 20대 때 우연히 본 스티브 잡스의 아이폰 공개 무대였다. 그 당시만 하더라도 파워포인트라고 하면 빡빡한 텍스트가 가득했던 화면이 익숙했던 나에게 충격을 전해 준 무대였다.

단순한 슬라이드 디자인, 스티브 잡스의 강한 자신감과 리액션, 물 흐르듯이 무대를 본인의 흐름으로 장악하는 모습까지. 그렇게 그를 만난 뒤 홀리듯이 프레젠테이션에 관한 책들을 사서 불꽃 독서를 이어갔다.

그 당시 그의 프레젠테이션을 분석하는 책들도 나왔기에 구체적인 프레젠테이션의 방법론을 체득하는데 많은 공부가 되었다.

남 앞에서 제대로 이야기를 한 적도 없었고, 기껏해야 군대에서 휴가증을 위해 웅변대회에 나간 것이 다였던 내가 스티브 잡스로 인해 프레젠테이션에 관한 관심을 두게 된 것이다.

한때 학원 프랜차이즈 업계에서 일한 적이 있는데, 또 한 번 나에게 충격을 가져다준 경험이 바로 '학부모 대상 개원 설명회'였다.

개인 학원이 아닌 외부 투자로 자금 규모가 큰 조직형 학원 브랜드였는데, 그 당시에도 교육열이 높은 곳이었던 지역 학부모를 대상으로 구청에서 진행된 행사였다.

대표 인기 강사의 특강 전에 대형 스크린으로 재생되는 인트로 영상을 보며 나는 또다시 흥분했다. 점점 내 프레젠테이션의 세계관은 멀티버스의 문을 두드리고 있었다.

광고 대행사에서 만든 전문적 퍼포먼스와 애니메이션 효과, 음향, 그리고 강력한 카피까지. 짧은 5분여의 시간은 오감을 꿰뚫은 임팩트의 중요성과 함께 '프레젠테이션이라고 꼭 말을 해야 하는 것만은 아니구나'를 깨닫게 해 준 중요한 순간이었다.

그 이후 입사하게 된 놀부에서는 정기적으로 직원들을 대상으로 사업 모델 발표 대회를 하고 있었다. 막내였던 나는 자의 반타의 반으로 프레젠테이션과 발표를 맡게 되었다.

그리고 전 직원이 모인 결선 무대에서 그동안 쌓아 온 경험으로 인트로 영상을 재생하고, 당시 표준이라고 여기던 '화면을 보며 설명하는 방식'을 벗어나 청중을 바라보며 흐름이 있는 프레젠테이션을 풀어냈다.

마지막 클로징에서도 음악과 강한 애니메이션 효과로 임팩트 있게 마무리하였다.(물론 그 무대를 위한 연습을 과장 조금 보태서 수십 번을 했다)

그렇게 1등이라는 좋은 결과를 얻었고, 그 이후에 개최된 개인 발표 대회 등에서도 좋은 성과를 만들었다. 그런 경험이 쌓이며 가맹점 컨퍼런스나 설명회 같은 큰 무대의 프레젠테이션 자료를 기획하고 진행하는 경험도 얻게 되었다.

무엇보다 내가 보람을 느꼈던 것은, 나로 인해 회사의 'PT 자료'에 대한 변화의 붐이 일기 시작한 것이었다. 단순히 발표에서 끝나지 않고 새로운 시도를 하게 만든 프레젠테이션 하나로 그 이상의 자신감을 얻었다.

나에게는 프레젠테이션을 준비하는 루틴이 있다. 우선 프레젠테이션을 시작하기 전에 '철저한 연습과 준비'를 한다. 리허설을 최소 5번 이상은 해야 마음이 놓였다. 그 습관은 지금까지도 지키고 있다.

주니어 시절 큰 무대에서 떨지 않으려고 발표 하루 전에 혼자 무대에서 직접 자료를 연결하여 수없이 반복해서 연습했다. 당시 무대 경험이 많지 않았기에 문장을 써 놓고 몽땅 외웠다. 그래야 무대에서 몸짓과 표정을 컨트롤하는데 신경을 쓸 여유가 생겼기 때문이다.

그때부터 15년이 지난 지금도 나는 미리 슬라이드를 출력해서 하고 싶은 말을 직접 메모하며 수없이 반복하고 되뇌인 후에 무대에 오르는 습관을 지니고 있다.

약간 변태(?)스러울지 모르겠지만, 무대를 내려오고 나서 그 출력물을 박박 찢으며 나만의 프레젠테이션 공식적인 마무리를 하는 버릇이 있다.

프레젠테이션이 인생과 닮았다고 생각하는 이유가 있다. 나는 지금까지 같은 타이틀의 과정이라도 똑같은 자료를 단 한 번도 사용하지 않는다. 발표를 끝내면 청중의 반응과 상관없이 항상 복기하고, 대부분 후회와 아쉬움을 곱씹는다.

그렇게 리뷰하고 부족하거나 어색했던 흐름을 자료상에도 계속 반영해 나간다. '한 번 자료는 영원한 자료'라는 주워 먹기 방식을 좋아하지 않는다.

그것이 내가 '명사형 삶'이 아닌 '동사형 삶'을 살고자 하는 이유고, 앞으로도 꾸준히 노력하며 이어갈 것이다.

회사에서 파워포인트로 회의 자료를 만들거나 프레젠테이션 자료를 만들어야 하는 과제 속에 머리를 부여잡고 있는 여러분에게 나만의 한 가지 팁을 알려 주자면, 절대로 모니터에 파워포인트 프로그램을 띄워 놓고 눈싸움해서는 안 된다.

차라리 A4 용지나 노트 연습장을 꺼내라. 자료 전체의 흐름을 어떻게 가져갈지 펜으로 개요를 먼저 그려 보자. 그리고 메모장이나 워드 프로그램에서 슬라이드 페이지 제목을 키워드와 단어로 써 보자.

그다음 개요 속의 흐름을 맞춰 보고 완성이 되면 그때부터 같이 정리한 슬라이드 상의 세부 내용을 토대로 파워포인트 작업에 들어가자. 작업 속도도 훨씬 빨라질 것이고 자료도 짜임새가 있을 것이다.

인생도 마찬가지다.

도전하고, 실행하며, 거기에서 인사이트를 얻고 다시 도전한다.

자신감이 쌓이고 실력이 늘어서 나만의 강점으로 만드는 것,

그래야 우리의 가능성과 자신감이 계속해서 발전할 수 있다.

ONLY
ONE

부정적인 사람을 멀리하라

사회초년생 시절에는 '인사만 잘해도 기본은 한다'라는 이야기를 많이 듣는다. 인사라는 것이 단순히 해야 하는 것이라서 하기에는 그 의미가 매우 중요하다. 하지만 우리는 그 메시지 안에서 사람이 주는 '인상'에 대한 인사이트를 발견할 필요가 있다.

좋은 인상이라는 것이 단순히 '잘 생겼다, 예쁘다'라는 것만을 의미하지는 않는다. 얼굴의 생긴 모양새는 미소, 눈꼬리, 피부뿐만 아니라 상대방에게 전해지는 입체적인 순간을 모두 담고 있다.

그래서 좋은 인상이라는 것은 '상대방이 나를 경험하며 마음속에 새기는 좋은 느낌'으로 정의할 수 있다. 그 말인즉슨 우리 모두 좋은 인상을 줄 수 있다는 뜻이다. 아니 더 정확하게 말하면 좋은 인상을 만들기 위해 노력할 수 있다는 말이 맞겠다.

찰나에 전해지는 첫인상이 아니더라도 꾸준히 누군가를 만나고 접하면서 느껴지는 인상이 있다. 외모적이거나 표정에서 드러나는 것도 중요하지만, 내 경험상 정말 중요한 요소가 바로 말과 태도다.

아무리 겉모습이 화려하고 좋아 보여도, 입에서 나오는 문장이나 말투가 별로면 그 사람에 대한 매력은 빠르게 반감되기 마련이다.

아무리 아름답더라도 생활에서 나오는 태도가 올바르지 못하면 외모는 순식간에 껍데기가 될 뿐이다. 그러나 본인만 모른다는 것이 함정이다.

나는 부정적인 사람을 아주아주 싫어한다. 사회생활 처음부터 그러지는 않았고, 언젠가 조금씩 깨우침이 생기던 그 시점부터였던 것 같다. 같이 이야기를 나누다 보면 부정적 감정에 나도 사로잡히고, 또 공간에 같이 있는 것만으로도 에너지가 소진된다는 것을 느끼기 시작할 때부터였다.

굳이 나를 챙기기도 바쁘고 힘든데 왜 부정적인 사람의 부정적인 태도와 부정적인 말까지 들어주고 영향을 받아야 하는지에 대한 불만과 의구심이 생기기 시작한 시점이었다. 그때부터 나는 부정적인 사람과 의도적으로 거리를 두기 시작했다.

물론 누구나 부정적인 상황과 감정에서 벗어날 수는 없다. 힘들어도 긍정주의자라며 억지로 크게 웃는 사람이 더 어색한 것처럼, 그런 마음이 찾아오는 것 자체를 이상하게 생각할 필요는 없다. 하지만 필요 이상으로 부정적이었거나 빈도가 잦다면 곰곰이 되돌아볼 부분이다.

몇몇 부정적인 유형을 정리해 보면 다음과 같다.

말에 부정적 뉘앙스가 박혀 있는 사람

회의나 평상시에 무슨 말을 하든 말투나 태도 자체가 부정적인 사람들이 있다. 해 보지도 않고 단정 내리고, 다른 사람의 경험을 자기의 확신으로 이야기한다. 어차피 안 될 것이라 체념하거나 결과가 안 좋으면 그때 목청을 높인다.

자신을 돌아보는 것보다 타인이나 환경, 상황을 탓하는 데 능숙하다. 한숨이 잦고 표정도 늘 어둡다. 문제는 이런 것을 혼자 떠안지 않고 주위 사람들이나 조직에 전염시킨다는 데 있다.

지나친 뒷담화가 습관이 된 사람

태어나서 험담을 한 번도 하지 않은 사람을 찾을 수 있을까? 누구나 한번은 다른 사람의 이야기를 한 경험이 있을 것이다. 나 역시 사람이 존재하는 한 험담은 없어지지 않을 것으로 생각하는 1인이다. '적당한' 뒷담화는 나의 마음을 트이게 하는 통풍구가 되기도 한다.

하지만 이런 뒷담화가 아주 습관이 된 사람들이 있다. 모든 것에는 정도가 있다. 필요 이상으로 습관이 되고 악용한다면 뒷담화는 독이 되고 칼이 된다.

더 안 좋은 것은 정치적이거나 의도적인 뒷담화다. '선을 넘는' 뒷담화를 아무렇지 않게 여기저기 하고 다니는 사람은 결국 그 화살이 자기에게 오든 말든, 상대방이 어떻게 되든 말든 뒷담화에 취해 오늘도 레이더망을 바짝 세우고 있다.

비상식적인 행동

부정적이지는 않더라도 누가 봐도 이해가 안 되는 행동을 하는 사람이 간혹 있다. 자기만의 세계는 좋지만, 조직 생활에 맞지 않는 행동이나 말로 분위기를 들었다 났다 하는 것은 바람직하지 못하다.

일은 못할 수 있지만, 일반적인 상식에 어긋나는 행동이나 말은 하면 안 된다. 문제는 그 기준을 본인이 이해하지 못할뿐더러 왜 노력해야 하는지 이해하려 들지 않는다는 것이다. 이런 캐릭터는 본인이 부정적이지 않더라도 언제든지 조직에 부정적인 영향을 줄 수 있기에 주의가 필요하다.

'세 살 버릇 여든까지 간다'는 속담은 제쳐두고라도 우리 스스로 부정적인 사람이 되는 것은 정말 경계해야 한다. 언제나 찾아올 수 있는 부정적인 감정은 그 실체와 이유를 잘 살펴봐야 하며,

내 생활이 매몰되지 않도록 빠르게 그 감정에서 벗어날 수 있는 자신만의 방법을 찾아야 한다.

또 생각이 너무 길어지면 자신도 모르게 소극적이고 부정적으로 변할 수 있다는 것을 기억하고, 그 시간에 차라리 행동하고 실행해라. 그러고 나서 후회하는 것이 정신 건강에도 훨씬 이롭다.

그리고 무엇보다 내가 하는 말에 책임질 수 있는 사람이 된다는 생각으로 당장 오늘 하루에 집중하자. 그 노력이 습관이 되면 바로 그것이 본인의 인상이 될 것이고, 본인의 삶에 큰 도움이 될 것이다.

부정不正을 위한 부정을 하고 있지는 않은가?

시간은 유한하다. 우리가 해야 할 것과 긍정에 집중해도 모자란 삶, 오늘부터라도 '부정'에서 조금이라도 멀어지자.

ONLY
ONE

이기는 입사지원서의 비밀

인생에 찾아오는 세 번의 기회만큼은 아니지만 직장 생활을 하다 보면 누구나 이직을 생각할 수 있고, 실제로 그 기회가 찾아 오기도 한다. 계기는 다양하다. 퇴사하고 싶은 마음이 클 때도 있고, 점프업Jump up을 하기 위해 퇴사를 결심할 때도 있다.

그런데 오랜만에 이력서와 자기소개서를 쓰려고 하면 잘 안 써지는 경우가 많다. 지원하고자 하는 회사에 맞게 180도 다르게 쓰기보다는 본인이 쓰던 글을 그대로 첨부하거나 살짝 수정하는 경우가 대부분인데다 입사하고 난 이후에는 잘 건드리지 않게 되는 서류이기 때문이다. 이직할 때 도움이 되는 이력서 관리 방법 은 생각보다 간단하고 명료하다.

일 년(분기/반기)에 한 번씩 이력서 업데이트하기

너무 간단할지도 모르겠지만 잘 생각해 보자. 이제 막 사회생활을 시작할 때는 구인 사이트나 이력서가 낯설지 않다. 하지만 입사에 성공하여 회사 생활을 시작하고 현실의 업무에 치이다 보면 이력서를 확인할 시간이 없다.

행여 회사에서 실수로라도 구직 사이트를 로그인했는데 누군 가가 봤다면, 원치 않는 카더라 통신의 소재가 될 수도 있어서 조심하게 된다.

그래서 내가 주로 사용하는 방법은 다이어리나 나만의 노트를 여는 것이다. 연 단위의 목표가 힘들고 추상적이라면 분기별, 반기별로 목표를 적어 놓는다. 개인적인 목표가 될 수도 있고, 회사 내에서의 목표가 될 수도 있다.

하지만 지극히 개인적인 내용은 이력서에서 큰 도움이 되지 못하니 되도록 내 역량의 실체를 증명할 수 있고 신뢰감을 줄 수 있는 '근거 있는' 노력과 결과면 더욱 좋다.

회사의 목표에 대해서는 조직의 목표도 좋지만, 그 속에서 내가 하는 업무와 연결되는 도전을 메모해 보자. 외식 가맹점을 관리하는 슈퍼바이저라면 다음과 같은 수준이면 무난할 것이다.

· 이번 분기에 혼자 담당 가맹점 최소 3개점 L.S.M(Local Store Marketing)을 기획하고 진행하기
· 네이버 리뷰에 불친절로 많이 접수되는 가맹점에 대해 코칭하고 현장 교육하여 평점을 높이고 클레임 제로화하기

여기서 L.S.M 진행을 구체적으로 파고들어 보자. 목표를 세웠다면 회사와 부서 업무도 해 가면서 틈틈이 L.S.M을 진행하기 위한 가맹점을 추리고 마케팅 내용을 준비해야 한다.

품의도 써야 하고 디자인팀에 현수막이나 배너의 디자인도 요청해야 한다. 네이버 스마트 플레이스에서 쿠폰도 발행해야 하고, 행사가 시작될 때 가맹점에 방문하여 직원 교육 및 모티베이션도 끌어내야 한다.

행사 기간에는 다양하게 가맹점주에게 동기부여를 하면서 잘될 가능성을 끌어내야 한다. 행사가 종료되면 정량적인 결과와 정성적인 결과에 대한 보고서로 내부에서의 프로세스를 깔끔하게 마무리하고, 가맹점주에게는 진행을 통한 인사이트를 함께 나누고 영업에 대한 의지를 다잡을 수 있도록 컨설팅하면 된다.

사실 고유의 업무가 있는 상황에서 개별적인 프로젝트를 기획하고 추진하는 것은 쉽지 않다. 손이 많이 가기 때문에 생각하는 여유를 갖기도 쉽지 않다.

개인 업무에만 집중한다는 이야기를 듣지 않기 위해 조직 업무 또한 신경을 바짝 써야 한다. 그런 빡빡한 상황에서 이렇게 A to Z를 직접 경험하고 나면 남는 것은 무엇일까?

바로 성공 경험, 그 경험치 자체가 '스몰 석세스Small Success'가 되는 것이다. 마케팅을 통해서 매출이 오를 수도 있고, 떨어질 수도 있다. 생각보다 많은 변수가 존재하기 때문이다. 단지 마케팅만으로 매출을 쉽게 올릴 수 있다면 현재 우리나라 많은 외식업 가맹점주가 폐점을 고민할 이유는 없을 것이다.

그러나 프로젝트를 진행해 본 경험 자체는 무조건 '성공'이라고 봐야 할 정도로 커리어의 완성에 있어서 훌륭한 조각이 된다. 스스로 품의서를 올리고 실행까지 해 봤다면 회사에서의 평가와 별개로 자신에게 큰 칭찬과 격려를 해야 한다.

이번에 매출이 오르지 않았다고 해서 가맹점에 피해를 준 것도 아니거니와 회사 차원에서 봐도 이번 L.S.M 리뷰를 통해서 다음에 더 개선된 진행을 할 수 있는 인사이트를 얻었기 때문이다.

자, 거기까지 진행하고 해당 분기가 지나면 이력서 파일을 열고 한 줄만 추가하면 된다.

가맹점 L.S.M 단독 기획 및 진행(온/오프라인 통합)

단순히 회사에서 하는 일을 나열하는 것으로는 이력서를 보는 사람의 눈에 쉽게 들어오지 않는다. 오히려 경쟁이 치열하고 매출 고민이 일상인 채용 담당자의 눈에는 마케팅 능력과 경험이 있는 한 줄이 필요할 수도 있다. 그 타이밍에서 가맹본부가 원하는 진취적인 슈퍼바이저의 한 줄이 강력하게 어필되는 것이다.

처음부터 큰 성공을 바라서는 안 된다. 작은 성공을 계속해서 차곡차곡 모아야 한다. 그 작은 성공은 작은 실행과 도전을 통해 만들어진다. 사회나 회사가 정해 놓은 '성공'의 정의에 끌려다니지 마라. 그 경험들이 회사에 문제를 촉발하지 않은 이상, 그 '시도' 자체를 누구도 쉽게 평가할 수 없기 때문이다.

우리 주변에는 상황이 닥치면 하는 '벼락치기'에 강한 사람들이 많다. 이직도 마찬가지다. 미리 차별화 요소를 다져 놓자. 그렇게 평소에 이력서를 업데이트하다 보면 결정적으로 그 이력서를 꺼내야 할 때, 우리는 이미 위닝 멘탈리티로 가득한 자신을 발견하게 될 것이다.

잊지 말자.
이력서는 작성하는 것이 아니다. 업데이트하는 것이다.

ONLY ONE

일머리 키우고 연봉 올리는 방법

운동선수들이나 예능에서 빛을 발하는 사람을 보다 보면 선천적으로 타고난 사람이라는 느낌을 받을 때가 있다. 회식이나 사석에서의 텐션 유지를 위해 유튜브에서 정기적으로 챙겨 보는 김구라, 탁재훈 같은 셀럽들이 그렇다.

운동선수는 말할 것도 없다. 월드클래스 수준의 손흥민 선수 또한 엄청난 노력이 있었겠지만, 아버지를 통해 이어받은 선천적 요소도 무시하지 못하는 것처럼 말이다.

공부도 크게 다르지 않다. 똑같이 엄청난 노력을 해도 머리에서 받아들이는 용량이나 'CPU' 자체에 차이가 나면 결과가 다를 수밖에 없다. 물론 엄청난 노력이라는 것의 기준 차이도 있다.

남과 비교하고 좋은 유전자를 이어받지 못한 지금을 탓하자는 뜻이 아니다. 내가 하고 싶은 말은 적어도 지금 우리의 당면 과제인 '일'에 대해서만큼은 철저하게 후천적 노력으로 성장시킬 수 있다는 가능성에 관한 이야기다.

"저 친구, 일머리 하나는 대단해."

직장인의 워너비로 여겨지는 연봉 인상이나 승진은 정기적으로 발표되는 때가 있다. 하지만 평소에 회사에서 받을 수 있는 최고의 칭찬이라고 생각하는 '저' 말은 노력 여하에 따라 언제든 들을 수 있다.

모든 일에는 시작과 끝이 있다. 매일, 매주 챙겨야 하는 정기적인 업무, 프로젝트 성 업무, T.F.T Task Force Team 모두 마찬가지다. 사회초년생에는 부분적 업무를 담당하는 경우가 많지만, 경험이 쌓이고 역할이 커지면서 그 범위와 책임이 넓어지게 된다.

나무 한 그루를 잘 키우는 일을 하다가 숲 전체의 일정 지역을 담당하는 개념으로 성장하는 것이다. 물론 가장 중요한 것은 계속 강조하고 있는 '행동'이다.

직접 해 봐야 똥인지 된장인지 구분할 수 있는 것처럼, 적극적으로 부딪히고 일을 맡아봐야 내 부족함도 남들보다 먼저 인지하고 노력 여하에 따라 티핑포인트도 빨리 찾아온다.

프레젠테이션에 두각을 나타낸 뒤로 사업본부의 연간 사업계획 자료를 파워포인트로 만드는 일을 사원 때부터 참여하던 시절이 있었다. 당시에는 밤도 새 가며 엄청나게 투덜거렸다. 왜 똑같은 일은 일대로 하면서 나만 추가로 남아 남들 퇴근 이후에 이렇게 해야 하는지 도무지 이해되지 않았다.

하지만 그런 경험이 계속 쌓이고, 대리가 되니 자연스럽게 사업계획 전체가 보이기 시작했다. 이는 비슷한 직급의 다른 누구도 경험하지 못한 나만의 특권이었음을 느낄 수 있었다.

연봉을 높일 수 있는 정공법은 '일을 잘하는 것'이다. 일을 잘하는 것은 일머리가 있다는 말과 동일하게 여겨진다. 그렇다면 일머리는 어떻게 만드는 것일까?

첫째, 타이밍

직장 생활을 무리 없이 하는 충분 요건의 최적 키워드 중 하나다. 말에도 타이밍이 필요하고 보고에도 타이밍이 중요하다.

어두운 표정의 상사에게 해맑게 연차를 내겠다고 이야기할 수는 있지만, 반복되다 보면 '눈치 없는 직원'이라는 마일리지만 쌓게 될 뿐이다.

반대로 조금 난이도가 있거나 평상시에 컨펌 받기 어려운 대면보고 건도 조직이나 상사의 분위기에 따라 의외로 쉽게 컨펌을 받는 일도 있다.

일의 타이밍도 마찬가지다. 정해진 일정이 있다면 일정을 쪼개서 기획해야 하는 타이밍, 계획서를 완성해야 하는 날짜, 유관부서에 업무 협조를 요청해야 하는 기간 등에 대한 타임라인을 잘 설계하고 체크해 가며 실천하는 것이 매우 중요하다.

일을 시작도 하기 전에 지치거나, 처음에는 큰 소리를 쳤는데 나중에 초라해지는 일 처리 등이 모두 타이밍을 제대로 챙기지 못해서 생기는 경우다.

둘째, 주변 활용

유관부서와의 소통도 중요하다. 이미 현업에서 느꼈을지도 모르겠지만, 유관부서와의 좋은 관계는 업무를 풀어 나갈 때 큰 도움이 된다. 의외로 사회초년생들이 다른 부서 담당자와의 소통이나 불통에서 스트레스를 받는 경우가 상당히 많다.

처음부터 편한 사이는 없다. 인사도 제대로 하고 좋은 인상을 남기는 것이 먼저다. 그렇게 형성된 인적 네트워크 인프라를 잘 활용하기 위한 업무 협조 프로세스의 이해와 진행이 그다음이다. 어떤 식으로라도 그 일이 마무리되었을 때 (감사) 인사를 표현하는 디테일까지 필요하다.

이런 시간이 쌓이다 보면 본인에 대한 '좋은 평판'의 분위기가 형성되는데, 이 또한 우리의 가치를 돋보이게 만드는 무기가 된다.

물론 부서 간의 이해관계가 첨예하게 대립하는 때도 있고, 회사나 조직의 목표를 위해서 어쩔 수 없이 불꽃 스파크를 튀겨야 하는 상황들도 많다.

한 방에 홈런 칠 생각을 하기보다는 타이밍과 상황에 맞게 부서의 특징을 잘 고려하여 풀어낼 수 있도록 타석에 자주 서는 것 자체가 중요함을 기억하자.

셋째, 문서 능력

실행력은 타의 추종을 불허하지만 이를 문서로 풀어내는 능력이 낮다면 어떨까? 이는 제값 받으며 보여 줄 수 있는 퍼포먼스를 억지로 할인판매하는 것과 다름없다.

처음에는 문서를 써야 하는 상황 자체가 부담스럽고 시간도 오래 걸린다. 줄 간격은 어떻게 하고, '(가)'를 써야 하는지 '(1)'을 써야 하는지도 헷갈린다. 문서의 흐름이나 내용을 어떻게 채워야 하는지 모니터만 뚫어지게 바라보고 있는 경우도 많다.

이럴 때는 앞서 프레젠테이션에서 이야기한 것처럼 먼저 보고서의 흐름과 핵심 키워드를 종이에 스케치하고 나서 문서를 작성하면 편하다.

특히 사회생활 초반에 문서에 대한 간접 경험을 높일 수 있는 기회가 있는데, 바로 다른 사람이나 다른 부서에서 쓴 문서를 많이 챙겨보는 것이다.

그룹웨어를 보면 보통 '수신함'과 '참조함' 등의 부서 문서함이 있는데, 그것만 챙겨봐도 지금의 문서 작성의 영감을 얻을 수 있는 데다, 부서가 어떤 일을 하는지가 눈에 들어오게 된다. 이 습관이 쌓이면 남들보다 한발 앞서 회사가 돌아가는 흐름을 익히게 되는 짜릿함을 맛보게 될 것이다.

나의 레벨을 '+1'에 맞춰서 하자.

사회초년생 시절부터 항상 내 직급보다 한 직급 높은 수준에 맞추길 원했다. 사원이면 같은 사원끼리 비교하거나 경쟁하지 않고 주임의 업무 수준에 맞추려고 했다. 주임이 되면 대리, 대리가 되었을 때는 관리자인 과장의 행동과 업무 수준을 관찰했다.

나만의 성장 목표를 생활 속에서 항상 생각하고 있으니 게으를 여유와 이유가 없었고, 항상 나를 자극하며 계속 성장을 갈망하게 하였다.

그런 마음이 바탕이 되었는지는 몰라도, 대리 이후 부장까지 진급하면서 연차를 꽉 채워서 승진한 적이 단 한 번도 없었다.

별 볼 일 없는 나도 일머리 있는 사람이 되었고 특진이라는 포상을 받았다. 특별한 능력이나 좋은 머리가 필요한 것이 아니다. 일 잘한다는 것이 실현 불가능할 정도로 대단한 것도 아니다.

체계와 순서, 사람이 중요하다.

나의 가치는 스스로 높이고 올리는 것이다.

ONLY
ONE

내 마음을 해방시키는 방법

365일 내내 드라이브를 걸 수는 없다.

사람은 기계가 아니다. 열심히 일했다면 반드시 휴식과 재충전을 해야 한다. 의지만으로 쉼 없이 계속 달릴 수도 있겠지만, 그마저도 체력이 뒷받침되어야 가능한 일이다.

일을 잘하고 못하고를 떠나서 누구나 수축과 이완이 필요하다. 직장 생활은 장거리 레이스이기 때문에 순간적인 스퍼트보다 꾸준하게 한 걸음이라도 계속 앞으로 내딛는 것이 중요하다.

말은 이렇게 하고 있지만, 사실 나는 일을 잘 놓지 못했다. 주말에는 완전히 일과 분리되어 나만을 위한 쉼이 필요했지만, 제대로 풀리지 못한 일이나 변수들이 있다면 주말 내내 마음이 너무나 불편했다.

스스로 회사와 집의 구분을 잘하지 못했다. 그것이 더 잘하고 싶어 하는 의욕이었을 수도 있다. 하지만 확실한 것 하나는 그 시간이 나를 조금씩 갉아먹고 있었다는 사실이다.

서른여덟. 가맹사업본부장으로서 브랜드를 책임지는 역할을 하던 때, 여러 변수로 인해 신경이 온통 일과 가족에게 집중된 시기였다.

마음의 부담이 쌓이다 보니 주위 자극에도 예민하게 반응하게 되고, 신경은 쇠약해져 갔다. 스스로 역할을 상기시키며 그러면 안 된다고 속으로 되뇌었다.

물론 역효과뿐이었지만 겉으로는 아무 일 없는 듯이 일에 집중하는 모습을 보이려 했다. 하지만 티가 나기 시작했고 걱정하는 직원들이 늘기 시작했다.

"똑똑, 80년생 김현입니다."

평생 처음으로 정신건강의학과를 찾았다. 어려운 결정이었다. 아내에게 처음 권유를 들었을 때 '내가 왜? 굳이?'라고 반응했다.

병원에 가면 이력에 표시가 된다, 정신과를 다니는 사람이라고 주위에서 신경 쓸 것이라는 등의 편견이 가득했다. 마치 내가 이상한(?) 사람이 되는 것처럼 생각했고, 그것을 인정하는 것 같아서 부정적으로 대했던 곳이었다. 하지만 본질적인 개선을 위해서는 더 이상 선택지가 없었다.

여러 검사를 받고 의사 선생님과의 상담을 통해 우울증 진단을 받았다. 마음속에 있던 어린 시절 기억부터 지금의 고민까지 다 털어 놓았고, 내가 어떤 기질과 성향을 가졌는지 깊게 되돌아볼 수 있는 상담을 받았다.

2018년 여름에 만난 약은 5년째인 지금도 매일 자기 전에 한 알씩 복용하고 있다.

반신반의하며 용기 내어 병원을 노크한 이후 달라진 것이 있다. 내 마음의 용량을 알게 되었다는 것이다. 내 고통과 고민을 인정하기 시작했다. '악쓰며 버티려는 것'이 '그러려니 하는 마음'으로 조금씩 변해갔다. 마음의 자유를 찾게 되었다. 부정적 반응에 바로바로 거세게 반응했던 내 태도가 바뀌기 시작했다.

쉽게 말해 부정적인 자극이 정수리까지 직렬로 100% 전달되며 행동으로 표현되었다면, 약을 먹은 이후에는 가슴 쪽에서 필터링이 되며 머리까지는 50%로 '최대한 부드럽게' 전달되었다.

마음이 편해지니 머리가 편해졌다. 약을 통해 인위적으로라도 여유를 찾게 되었고, 나를 괴롭히던 자극들에 조금씩 무덤덤해지기 시작했다.

정신건강의학과 예찬론자도 아니고 무조건 약이 최고라고 이야기하는 것이 아니다. 다만 내가 정의해 버린 프레임 속에 나를 가두고 계속 힘든 삶을 살고 있다면 충분히 도움이 될 수 있는 선택지 중의 하나인 것은 확실하다는 뜻이다.

병원에 다니기 시작한 초반에는 '내가 약에 의존하고 있는 건가'라는 생각도 들었지만, 그 약은 다르게 보면 온전하게 나의 삶을 더 건강하게 보낼 수 있게 도움을 주는 '친구'로 받아들이면 될 뿐이었다.

너무나 힘든데 자세히 들여다보면 그 이유가 나에게 있을 때가 있다. 내 마음속 영역에서 정의한 어려움, 과거의 기억이 현재를 괴롭히며 생기는 번뇌. 물론 각자의 방식으로 이것을 극복하는 것이 제일 좋은 방법이다.

하지만 그 어둠의 상자에서 벗어나지 못하고 정신적으로 계속 쇠약해지고 있음을 느낀다면 나처럼 병원을 노크해 보는 것도 방법이다.

신체가 아플 때는 바로바로 병원에 가면서 왜 가장 중요한 마음이 아픈 것은 혼자 아등바등 버티려고 할까? '정신과'에 가지 않으려 발버둥치고 애쓰며 시간을 보내는 것보다 내 마음이 편하고 나를 더 인정하며 건강한 삶에 집중하는 것이 낫지 않을까?

중요한 것은 타인과 외부에 보이는 내 삶이 아닌

나를 위한 내 삶임을 잊지 말자.

보이기 위한 삶을 살기에는 시간이 너무 빨리 흐른다.

ONLY ONE

시작

ONLY ONE

퇴사를 한다는 것

나는 30대의 마지막 해에 마지막 퇴사를 했다. 물론 인생의 마지막 퇴사라고 할 수는 없지만, 그 이후 사업을 시작했고 현재까지 이어가고 있기에 지금으로서는 마지막 회사 생활이 그때다.

여러 이유가 있었겠지만, 가장 큰 이유는 '내가 받는 돈 대비 회사에 이바지할 수 있는 한계'를 명확하게 인정하게 된 것이 퇴사를 결심하게 했다. 제 값어치를 하지 못하거나 남에게 피해를 주는 것을 극도로 싫어하는 성향을 가지고 있다 보니 고민 끝에 스스로 '스톱'이라고 외쳤던 기억이 난다.

물론 회사 생활의 중간중간에 퇴사와 이직, 입사의 경험이 있다. 한 회사에 오래 있는 것도 물론 좋은 커리어가 되었을지 모르나 돌이켜보면 다양한 환경과 사람들 속에서 경험했던 순간들이 오히려 가치가 있었다.

사회초년생 시절 '직업을 바꾸면 안 된다'라는 상사의 말에 여전히 방향을 유지하며 사업까지 잘 연결하고 있다.

혹여나 직장에 대한 스트레스나 고민을 필요 이상으로 가지고 있다면 나의 경험을 토대로 자신감을 가져도 좋겠다는 생각이

든다. 퇴사에는 크게 두 가지가 있다.

첫째, 이직을 위한 퇴사다

옮길 회사를 확정 짓고 나서 지금의 회사와 작별을 고하는 과정을 말한다. 이때는 '시간 간격'이 특히 중요하다. 하지만 간혹 공백 없이 퇴사하자마자 자의 반 타의 반으로 새 회사로 출근하는 후배들을 보면 늘 안타까웠다. 퇴사 당일 금요일 야근까지 하고, 바로 다음 주 월요일에 새 직장으로 출근하는 후배도 보았다.

각자 사정이 있겠지만 잘 생각해 보면 회사를 옮기는 중간 시간만큼 나에게 온전한 휴식을 줄 수 있는 황금 일정을 경험하기가 쉽지 않다. 회사의 업무와 완전히 떨어져 있지 못한 연차 휴가도 아니고, 옮길 회사가 정해져 있어서 소속에 대해 불안함도 없다. 어디에도 속하지 않은 시간이기 때문에 방전된 체력도 키우고, 혼자 여행을 가거나 슬리퍼를 신고 편하게 동네를 돌아볼 수도 있다.

말 그대로 나만을 위한 여유를 만끽할 수 있는 시간이다. 그래서 나는 입사 확정 후 첫 출근일 조정을 해야 하는 상황에서는 무조건 최소 2주의 시간을 비워 놓으라고 후배들에게 이야기한다. 물론 전 회사의 연차 소진으로 시간을 벌어도 좋다.

둘째, '지금이 너무 힘들어서' 하는 퇴사다

옮길 회사가 결정되지 않았지만 더 이상 회사 생활을 버텨내기 힘든 한계선까지 와서 백기를 든 것이다. 이직이나 이후 진로는 나중에 선택하더라도 당장, 지금 멈추지 않으면 안 될 정도로 정신력이 바닥까지 왔기 때문이다.

이때는 불안함이라는 감정이 무조건 따라올 수밖에 없지만, 나는 개인적으로 좋은 선택이라 생각한다. '내'가 가장 중요하기 때문이다. 퇴사라는 키워드 속의 속마음은 온전히 본인 밖에 모르기 때문에 주위 동료나 상사들의 판단을 앞세울 필요가 없다.

나도 20대 시절 잠시 몸담았던 학원 프랜차이즈 회사의 부서에서 CEO에게 보이기Showing를 위한 습관성 야근을 했었다. 저녁 6시가 되면 저녁 식사를 위해 메뉴를 취합해서 주문하고는 했다. 이 시간이 길어지면서 왜 그래야 하는지에 대한 반문이 커졌고, 이를 속으로만 삭이게 되었다. 결국 습관성 야근의 대가로 받은 것은 대장내시경을 통해 발견한 암 전이 가능성이 있는 용종 4개였다.

우리가 당장 버티고 또 버티는 것이 내 건강이나 자존감을 잃을 정도의 수준까지 가서는 안 된다. 차라리 백기를 드는 것이 더 낫다.

물론 '나중에 회사에 재취업할 때 마이너스가 되면 어떻게 하지? 공백기를 부정적으로 바라보면 어떻게 말해야 하지?'와 같은 걱정을 할 수도 있다. 하지만 그동안 면접관으로서 수많은 이력서와 면접을 봤던 사람으로서 이런 말을 해 주고 싶다.

차라리 걱정할 시간에 공백 시간을 어떤 목적으로 어떻게 활용했는지 자신 있게 말할 수 있는 계획을 잘 짜라고 말이다.

완벽한 사람은 애당초 존재하지 않기에 퇴사 후 나를 위해 어떤 시간을 보냈는지가 중요하다. 그것이 나의 정서적이고 육체적인 충전을 위해서든, 내 약점을 보완하기 위해 학교에 다니든, 내 강점을 키우는 시간을 보냈든지 간에 말이다.

잔상(殘像)
외부 자극이 사라진 뒤에도 감각 경험이 지속되어 나타나는 상
영상이 지나긴 뒤에도 지속해서 떠오르는 이미지

퇴사할 때 정말 중요한 것이 있다. '끝이 아름다워야 한다'라는 것이다. 특히 중요한 것이 보고와 마무리인데, 이 두 가지가 그 회사에서 우리의 잔상을 결정짓는 중요한 역할을 한다.

퇴사를 결심하고 회사에 말하는 순간은 감정을 내려놓고 철저하게 예의를 갖춰야 하며, 그 예의에는 퇴사 희망 날짜와의 간

격도 포함된다. 내일까지만 출근하겠다고 말하는 것처럼 무책임한 일이 없다. 내가 당장 회사를 떠나야 하는 상황이 아니라면 회사로서 업무 대행이나 대체 채용을 할 수 있는 최소한의 시간을 고려해 주는 것이 좋다.

무조건 그렇게 해야 하는 것은 아니다. 각자만의 사정과 회사와의 역할 고리 변수가 있을 수 있으니 충분히 고려하길 바란다.

또 업무적인 마무리를 깔끔하게 하고 떠나는 것이 중요하다. 일에 대한 인수인계도 그렇고 사용하던 회사 비품이나 컴퓨터 등도 포함된다.

어느 프랜차이즈 본사 대표님을 우연히 만났는데, 얼굴이 붉으락푸르락 모드였다. 이유를 물어보니 디자인팀 직원이 그만두었는데, 업무 공유폴더를 통째로 포맷하고 나갔다고 했다.

당사자로서는 소소한 복수라고 생각할 수 있지만, 엄연히 회사의 유/무형 자산에 영향을 준 것이기 때문에 절대 해서는 안 되는 모습이라 할 수 있겠다.

이런 경우는 같은 업계에서 이직을 시도할 때 레퍼런스 체크 과정에서도 문제가 될 수 있다. 경력직원들이 이직할 때는 그 직원이 어땠는지를 체크하는 회사들이 많이 있는데, 앞의 경우는 일을 잘하고 못하고의 수준이 아니기 때문에 본인도 모르게 면접 기회를 잃게 될 가능성이 농후하다.

확실한 것은 퇴사는 분명 당사자에 있어서 '빅 이벤트'라는 것이다. 축하받아야 하고 격려받아야 하는 시간이기도 하지만, 자신의 결정에 책임을 져야 하는 시간이기도 하다.

이직을 통해 연봉을 올릴 수 있을지는 모르나 낯선 환경과 새로운 사람들에게 자신을 스스로 증명해야 하는 부담이 같이 따라오는 일이다. 그래서 참 어려운 고민이고 결정이라는 것이 분명하다. 그러나 무엇이 되었든 이것만 마음에 새겨두자.

나의 인생 로드맵에 이로운 결정인지
시간이 흘러도 후회하지 않을 선택인지

이 두 가지만 명확하면 누구의 눈치도 볼 필요가 없다. 인생은 어차피 선택과 결정의 연속이기 때문이다.

처음부터 대박을 바라지 마라.
어느 순간 알아서
등급업이 될 것이라고 꿈도 꾸지 마라.

지금 집중해야 할 것은
우리에게 필요한 작은 시도와
작은 성공이다.

ONLY ONE

흔들리지 않는 마음을 만드는 방법

어느 맑은 봄날, 바람에 이리저리 휘날리는 나뭇가지를
보며 제자가 물었다.
"스승님, 저것은 나뭇가지가 움직이는 것입니까? 바람
이 움직이는 것입니까?"

— 영화〈달콤한 인생(2005)〉중에서

정말 숨 막히는 삶의 연속이다. 초등학생 때부터 성인이 될 때
까지 수능점수가 인생의 전부인 것처럼 공부에만 매달려야 했다.
명절 때는 친척들의 자랑에 괜히 위축되기도 했으며, 대학교가
어디 있는지에 따라서 내 신분이 결정되는 것 같은 기분을 느끼
기도 한다. 더 답답한 것은 아직 본격적인 시작도 하기 전인데 이
미 지고 들어가는 기분을 경험하는 때다.

자격, 학력, 연봉, 자동차, 좋은 옷, 인스타그램 팔로워 수.
우리의 일상은 늘 이렇게 세상 속의 잣대와 기준에 따라 흔들
리고 있다. 좋은 회사에 취직한 친구를 만나면 기쁘면서도 부러

운 마음을 감출 수가 없다. 돈 많은 사람을 만나서 결혼을 잘했다며 자랑하는 친구의 이야기를 듣다 보면 가만히 있는 내 전생을 소환해서 멱살이라도 잡고 싶은 마음이 든다.

그런 여러 감정이 드는 이유의 핵심에는 '비교'가 있다. 사람 사이 속에 살아가고 있는 '인간人間'이기 때문에 어쩔 수 없기도 하지만, 지나치게 비교의 프레임에 갇히게 하는 사회 분위기도 한몫하고 있다.

"너 그 채널 알아?"

"구독자 몇만인데?"

유튜브 세상에 사는 우리가 나누는 일상적인 대화다. 공중파 TV 시대에는 프로그램에 대한 대중적 관심이 높았던지라 인기 프로그램이나 연예인을 모르면 이상한 취급을 받았지만, 취향에 맞게 마음대로 골라서 볼 수 있는 OTT 시대에서는 내가 좋아하는 인플루언서나 채널을 상대방이 모르는 것이 당연한 것이 되었다.

하지만 우리는 그 채널의 콘셉트를 궁금해 하기에 앞서 '사이즈'를 먼저 물어본다. 어떤 영상 콘텐츠가 소위 '떡상'을 하면 그 영상의 재생 수에 먼저 관심을 두고, 그 채널의 구독자가 얼마나 늘었는지를 먼저 찾아보게 된다.

5년 전 즈음 유튜브가 대중적 인기를 쌓기 시작한 시점에 유튜버를 선언한 사람들이 상당히 많았다. 유명한 유튜버가 공중파 TV에 나오고, 그들의 수익이 언론에 오르내리면서 '퇴사 후 전업 유튜버' 붐이 일기도 했고, 부업으로 카메라와 장비들을 사서 유튜브 채널을 개설하는 사람들도 상당히 많았다.

나 역시 그중 한 명이었다. 아들이 가지고 놀던 공룡 장난감과 내가 좋아하는 마블 피규어를 가지고 장난감 역할극 채널을 만들었다. 현업의 부담감을 떨치고 싶은 마음도 컸었고, 어릴 적부터 장난감을 가지고 혼자 역할극을 하며 노는 것에는 도가 텄던지라 해 보고 싶은 마음도 있었다.(그 장난감들로 중학교까지 놀았고, 지금도 가지고 있다는 것이 함정이다)

지금 운영하는 유튜브 채널과 달리 장난감을 손으로 움직이며 녹음까지 해야 하는 어린이 장난감 역할극 채널은 영상 하나를 만드는 것에도 상당히 손이 갔다. 내용을 구상하고 촬영하는 것도 쉽지 않았지만, 무엇보다 초보자에게 영상 편집이란 너무나 가혹한 순간이었다. 많은 인내가 필요했다.

그렇게 영상을 하나씩 올리면서 시청자로서 유튜브를 보며 판단하는 것과 콘텐츠 생산자로 유튜브를 운영하는 것은 천지 차이임을 몸소 깨달았다. 쉽게 생각했었던 구독자 1만 명은커녕 100명까지 도달하기도 얼마나 어려운 일인지 알게 되었다. 때 되면 알아서 업로드된다고 생각했던 영상 하나에도 많은 노력이 들어간다는 것을 알게 되었다.

장난감 영상을 올리던 그때에도 마케팅과 광고에 호기심이 있었던지라 동남아시아 쪽으로 구글애즈 동영상 광고를 돌려 보기도 했다. 그렇게 영상을 30개 정도 넘게 올리니 구독자가 1,000명이 넘었다.

하지만 내가 그 경험을 해 보고 나서 얻은 진짜 인사이트는 구독자 수나 수익 창출 조건 성립이 담긴 구글의 축하 메일이 아니었다. 다른 사람들이 만든 채널을 조회 수나 구독자 수로 판단하면 절대 안 되겠다는 다짐이었다.

비교와 경쟁은 다르다. 회사 생활을 하면 경쟁은 어디에서도 불가피하다. 부서 간의 경쟁은 기본이고, 동기끼리도 경쟁해야 한다. 회사라는 것이 목표가 있고 이익을 창출해야 하는 조직이기 때문이다. KPI나 정량적 수치, 영업 이익과 같은 단어는 월급을 받는 이상 외면하기 어려운 단어일 수밖에 없다.

그래서 성인이 되어 취업하면 프로들의 세계에 들어왔다는 마음가짐이 필요하다. '프로답게' 일을 하려는 마인드로 직접 도전하고 행동해야 그 과정의 가치에 눈을 뜨게 되고, 그 과정이 쌓이다 보면 자연스럽게 비교 경쟁의 우위에 서는 존재가 될 수 있다. 도전자가 아닌 타이틀 리스트가 될 수 있다. 신입사원이나 팔로워로 시작했지만, 점차 나를 롤모델로 치켜세우며 따르는 후배들이 많아지고 있다는 것은 보너스가 된다.

반대로 먼저 도전할 용기나 실행력은 없으면서 지금 이 상황만, 오늘만 넘기기 위해서 살아간다면 우리는 계속 누군가와 비교해 가며 억지로 깎아내리거나 막연히 부러워만 하는 삶을 살게 될 것이다. 빠르게 흘러가는 시간만큼 도태될 것이며, 나중에는 만들어 놓은 실력과 능력이 없어서 이직에 대한 공포감과 불안함에 사로잡힐지도 모른다.

"넌 시도라도 해 봤어?"

5년 전, 내가 유튜브 채널을 한다고 말하면 열에 아홉은 바로 구독자 수부터 물었다. 물론 처음에는 쭈뼛대던 나였지만, 영상 하나하나의 가치와 과정을 깨달은 이후에는 오히려 웃으며 반문할 수가 있었다.

유튜브 구독자 수가 적으면 어떤가? 인스타그램 팔로워 수가 많지 않아도 좋다. 영상을 만드는 그 자체, 추억을 쌓는 과정, 마음 편하게 세상과 소통하는 그 순간순간이 소중한 것이고 숫자는 부수적일 뿐이다.

비교의 삶에는 종착지가 없다. 평생 남과 비교해 가며 살기에는 인생이 너무나 아깝다. 비교당하려고 태어난 사람은 없다. 내가 아닌 사회의 잣대를 중심에 두고 내 행복의 크기를 결정할 필요가 없음을 알면서도 정작 나라는 존재를 제대로 파악조차 하지 못하는 사람들도 많다. 심지어 숫자의 프레임에 사로잡혀서 누가 뭐라 하지도 않았는데 자신을 스스로 깎아내리는 사람도 있다. TV나 유튜브에 나오는 성공한 사람들의 삶을 보며 스스로를 낮추는 사람들이 얼마나 많은가?

수많은 삶의 숫자도 마찬가지다. 우리를 더욱 자극하고 성장시키는 숫자들도 있지만 그렇지 않은 것도 있다. 내 삶의 하나하나를 보여 주기 위한 숫자, 무의식중에 자신을 비교의 프레임으로 몰아넣는 숫자, 절대적인 것은 없다. 좋고 나쁘다는 의미 또한 아니다. 누구나 가치 판단에 대한 생각은 다르기 때문이다.

하지만 삶을 계속 살아가다 보면 스트레스의 근원이 이 '숫자'에서 시작되는 비교들이 많다. 지나치게 주위를 둘러보고 귀를 쫑긋 세우지 말자. 자극받았다면 동기부여에서 끝내야지, 거기에 우리를 가져다 붙이면 안 된다. 비교를 위한 삶을 살기 시작하면 정답을 찾기 어려워진다. 인생이 고달파진다. 숫자는 인생의 전부가 아니다.

세상은 생각보다 우리에게 관심이 없다. 우리는 이미 본인이 생각하는 것 이상으로 잘하고 있다. 자신에게만 집중해도 버거운 삶이다. 평가나 비교에서 벗어나기 위해서는 스스로가 떳떳하면 된다.

그리고 또 하나, '왜Why'가 명확하면 된다. 지금은 보잘것없고, 내세우기 애매한 단계라고 하더라도 괜찮다. 우리가 왜 지금 그 길을 걷고 있는지 스스로 설득이 된다면 충분하다. 사명과 명분에 대한 철학은 때로 지칠 때 버틸 수 있는 큰 힘과 동기부여를 준다. 오늘도 자의든 타의든 비교의 삶을 보내느라 힘들었는가? 그래도 괜찮다. 흔들리지 않는 우리의 마음과 길이 있다면 괜찮다.

어느 맑은 봄날, 바람에 이리저리 휘날리는 나뭇가지를 보며 제자가 물었다.

"스승님, 저것은 나뭇가지가 움직이는 것입니까? 바람 이 움직이는 것입니까?"

스승은 제자가 가리키는 것은 보지도 않은 채 웃으며 말 했다.

"무릇 움직이는 것은 나뭇가지도 아니고 바람도 아니며, 네 마음뿐이다."

— 영화 〈달콤한 인생〉 중에서

ONLY ONE

쉼의 의미

시중에는 정말 많은 자기 계발 책이 있다. 유튜브에서도 조금만 검색해 보면 이런 콘텐츠를 다루는 영상이 계속 따라붙는 경험을 쉽게 할 수 있다.

그런데 정작 '쉬는 것'에 대해서 이야기하는 경우는 많지 않다. 성공을 위한 이야기와 경험담을 풀어 놓는 것만으로도 시간이 부족한데 굳이 쉬는 것까지 알아야 하나 싶을 수도 있다. 하지만 내 생각은 다르다. 우리는 케이블만 꽂으면 알아서 충전되는 휴대폰이나 기계가 아니다. 그래서 잘 쉬는 것에 대한 각자의 기준을 반드시 정의하는 것이 중요하다.

'쉬는 것만큼 사적인 영역이 없다.'

혹자는 퇴근 후 삼겹살에 소주를 마시며 이야기를 떠드는 것을 제일 좋은 스트레스 해소법이라 이야기할 수 있다. 반대로 곧장 헬스장으로 가서 PT를 받거나 게임을 즐기며 스트레스를 푸는 사람도 있고, 주말마다 축구나 골프를 즐기는 사람도 있다. 퇴근 이후부터의 시간이나 주말을 철저하게 혼자 보내야 에너지가 다시 쌓이는 사람도 있다.

이처럼 쉬는 모습은 누구나 다 다르다. 내 방법이 익숙하다고 해서 상대방에게 함께 취미나 휴식을 무조건 함께하자고 하는 것이 능사가 아닌 이유다.

나의 MBTI가 ISFJ라고 하면 대부분 믿기지 않는다는 반응이 많다. 그도 그럴 것이 저녁 식사나 회식 자리에서 항상 분위기 메이커를 자처하고, 같이 자리한 사람들을 위해 이벤트를 준비하는 내 모습을 주로 봐 왔기 때문이다.

회사 안에서도 마찬가지였다. 역할에 맞는 가면을 쓰는 것에 익숙해지다 보니 나와 밀접하게 함께하지 않는 이상 대부분 온전한 내 성격을 쉽게 알아채지 못했다.

나는 사람과의 만남을 통해 에너지를 충전하기보다는, 에너지를 쓰는 편에 속한다. 그렇게 시간, 장소, 상황에 맞는 역할을 하고 나면 기분은 좋지만 완벽히 방전된다.

술 약속이 끝나면 몸이 완전히 풀어져서 지하철 2호선 '월드 투어'를 하기도 하고, 버스 종점에서 하늘에 떠 있는 별과 이야기 나누며 택시를 기다리기도 한다.

물론 술이라는 것을 눈치 안 보고 내 페이스대로 대해야 하는데 그렇게 하지 못한다는 단점이 있다. 사람이 많으면 분위기를 띄운답시고 원샷! 앞에 있는 사람이 홀짝 다 마시면 미안하니까

원샷!(나처럼 쓸데없는 책임감으로 스스로 고생하고 있다면 조금만 내려놓도록 하자. 좋은 방법 있으면 언제든지 내게도 알려 주길...)

20대 시절에는 연속되는 술자리에도 끄떡없는 체력이 있었다. 하지만 그 끝에는 미래에 대한 걱정과 넋두리가 늘 함께였다. 회사로 무게 중심이 바뀌기 시작한 30대의 술자리는 무조건 즐겁기보다는 다른 감정들의 지분이 늘어나기 시작했다.

40대가 되니 야구 투수도 아니면서 4일 간격으로 술자리에 등판해야 하는 이유를 깨닫게 되고 간 기능 회복제와 친해지게 된다. 이때가 되면 술 자체를 많이 마시는 것보다 술자리와 사람과의 만남 자체가 어려우면서 중요해지기도 한다.

지금도 좋은 사람과 좋은 음식을 먹으며 좋은 시간을 보내는 것을 좋아하지만, 나의 스트레스 해소법은 술이 아니다.

나에게 진짜 쉬는 것은 '혼자 있는 것'이다. 작업실에서 혼자 음악을 틀어 놓고 일하는 공간이 휴식이고, 고등학생부터 이어 온 혼자서 하는 축구 게임 시간도 휴식이다. 집에서 혼자 빨래와 설거지를 하며 정리하는 일상도 나에게는 쉬는 시간이다.

평일의 대부분을 수많은 외부 일정과 함께 스스로에게도 박할 정도로 타이트하게 보내는 만큼 주말은 철저하게 외부 약속 없이 집에서 보내며 역할에 충실한 것도 내게는 다음을 위한 재

충전 방법이다.

또 하나 내가 좋아하는 휴식 루틴이 있는데, 바로 목욕탕에 가는 것이다. 사람에서 까마귀로 변할 것 같을 때 간다기보다는 몸도 찌뿌둥하고 마음이 막혀 있을 때 혼자 가는 편이다.

온탕에 몸을 담그고 앉아 있거나 사우나에 들어가서 혼잣말을 하다 보면 생각 회전이 잘되는 경험을 자주 한다. 온몸의 세포가 살아 있는 느낌을 받으면서 갑자기 새로운 아이디어와 키워드가 떠오르기도 하는데, 정말 좋다.

나중에 잊어버릴까 봐 서둘러 라커룸에 가서 스마트폰에 메모하고 다시 온탕으로 들어가기를 반복한다.

각각의 모습으로 휴식을 취함에 있어서 가장 중요한 것은 '나답게 쉬는 것'이다. 역시나 내가 나를 잘 알아야 한다. 그래야 자신에게 맞춤 처방을 잘 내릴 수 있다. 내 주변 친한 사람들이나 유튜브에서 본 휴식법을 무조건 따라 할 필요가 없는 이유다.

잘 쉬어야 체력과 정신력이 함께 충전된다. 추진력은 체력이 바탕이 되지 않으면 액션으로 옮기기 힘들다. 반대로 정신적 에너지가 방전된 상태에서도 추진력 있게 오늘 하루를 치고 나가기 어렵다.

당장의 오늘과 이번 주가 모인 한 달 한 달을 살지만 우리가 주인공이 된 사회생활은 절대 짧지 않다. 장기전이고 굉장히 어려운 싸움이다. 시간을 내 편으로 만들기 위해서는 나를 계속 충전시켜야 하고, 다양한 데미지 속에서 회복력을 키워야 한다. 나 자신부터 도전에 최적화된 폼으로 만들어 놓아야 한다. 그래야 미래가 있고 도전이 있다.

오늘, 우리에게 쉰다는 의미는 무엇인가?
이것만 정의해도 내일이 바뀔 것이다.

ONLY
ONE

당신에게 성공은 무엇입니까

나의 첫 직장은 'H자동차 김현대'였다. 공부를 엄청나게 잘했던 것도 아니었고 머리가 비상하게 좋은 것도 아니었지만, 매일 반복되는 똑같은 일을 하고 싶지는 않았다. 매일 기계처럼 똑같은 일을 하면서 살 수는 없었고, 무엇보다 미래의 목표가 보이지 않았던 것이 나를 영업으로 이끌었다.

다양한 시도와 실천으로 큰 성과를 얻었지만 새로운 도전을 위해 자동차 영업을 그만두고, 외식 프랜차이즈 산업에 첫발을 내디뎠다.

자동차 영업을 했던 시간은 나에게 성공이었을까, 실패였을까? 20대 시절 2년이라는 짧은 시간의 경험은 겉으로는 별반 내세울 것이 없어 보인다. 하지만 나에게는 두 가지의 큰 의미가 있다.

첫째, 매월 정기적으로 나오는 월급의 소중함을 알게 되었다는 것이다

많게는 인센티브 포함 1,000만 원이 넘는 돈이 통장에 들어오기도 했고, 대리점의 수익 구조상 영업보조금이 거의 없는 상황이어서 100만 원 남짓한 돈이 들어올 때도 있었다. 판매량에 따라 들쭉날쭉한 수당만큼 내 감정을 컨트롤하는 것이 중요했었다.

하지만 그때의 수당에 대한 기억은 회사 생활을 시작하면서 '당연히 들어오는 월급은 없다'라는 인식을 강하게 만드는 데 큰 영향을 주었다.

둘째, '작은 성공'을 여러 번 경험했던 것이었다

자전거에서 오토바이, 자동차까지 교통수단이 한 단계씩 레벨업 될 때마다 적지 않은 기쁨을 느꼈다. 본사에서 판촉 행사가 시작된다고 하면 사활을 걸고 판매에 몰입했다.

그래서 집에 냉장고가 바뀌었고 고급 식탁이 들어왔다. 당시 처음 영업한다고 했을 때 반대하였던 부모님이 많이 기뻐하던 기억이 난다.

영업은 가만히 있으면 아무것도 일어나지 않는, 철저하게 정직한 분야였다. 그렇게 계속 행동하고 실천하며 현재에 충실했던 경험이 지금까지도 일을 대하는 관점과 근육에 도움이 되고 있다.

회사에 다니면 당장 하루가 정신없이 돌아간다. 퇴근을 해도 몸이 지쳐 있어서 다른 무언가를 하기가 쉽지 않다. 그러다 보니 한 달 뒤에 어떤 개인적 목표를 실천할지, 올 하반기에는 어떤 도전을 할지, 내년에는 무엇을 할지를 미리 생각해 보는 것 자체가 참 버거운 일임을 인정한다.

우리는 가끔 직장 생활이 영원하지 않다는 것을 알고 있으면서 오늘 하루는 영원할 것처럼 살고 있다. 중장기적인 미래는 일단 제쳐두고 오늘부터 무난하게 넘어가길 원하고, 일과 시작과 함께 퇴근 후 술 약속에 정신을 할애한다. 과정의 어려움을 결과로 단정짓고, 일어나지 않은 일에 세상 모든 괴로움을 끌고 오기도 한다.

사회에서 인정하는 수준에 도달하지 못한다고 스스로 판단하고 있는가? 회사에서 이야기하고 있는 우리의 역할과 평가가 온전히 우리 전체에 대한 평가라고 스스로 받아들이고 있지는 않은가? 하루를 채우고 한 달을 채워서 월급을 받고, 잘리지 않으며 존버하는 것이 우리의 목표인가?

성공은 거창한 것이 아니다. 꼭 자격증을 따야만, 높은 점수를 획득하거나 승진해야만 성공이 아니다. 이번 주에는 일어나서 이불부터 정리하자 생각하고 실행에 옮기면 그것이 성공이다. 술의 유혹을 꾹 참고 운동하기로 결심하고 러닝머신 위에서 땀을 흘리고 있다면 그것 역시 성공이다.

성취감을 얻을 수 있는 기회와 목표를 자신에게 부여하라. 메모해 놓고 달성하면 형광펜으로 그어라. 그 성취감 하나하나가 모여 우리 자신을 더욱 사랑하게 하고 스스로를 더 많이 확신하게 만들 것이다.

실력과 능력은 거창하게 만들어지는 것이 아니다. 우리가 오늘 하루를 어떻게 보내느냐에 따라 쌓여가는 것이다. 그러려면 결심하고 행동해야 한다. 그런 과정이 쌓이면서 자기 주도적 동기부여 시스템이 자신의 가슴속에 자리 잡게 된다. 외부 상황이나 어려움에도 능동적으로 버티거나 헤쳐 나가는 프로세스를 스스로 작동시킬 수 있게 되고, 그런 과정을 통해 내가 더 강해질 수 있다.

스몰 석세스 Small Success를 염두에 두자.

처음부터 대박을 바라지 마라. 어느 순간 알아서 등급업이 될 것이라고 꿈도 꾸지 마라. 지금 집중해야 할 것은 우리에게 필요한 작은 시도와 작은 성공이다.

그렇게 쌓인 성취감으로 일 년을 보내고 나서를 상상해 보라. 날마다 똑같은 일을 하면 시간에 끌려가는 것이고, 내가 하고 싶은 대로 하며 새로운 시도도 해 봐야 시간을 컨트롤할 수 있음을 기억하라.

우리에게 성공은 무엇인가? 바로 대답하지 않아도 좋다. 확실한 것 하나는 오늘 직장에서의 실수와 꾸지람도 우리에게는 성공이 될 수도 있다는 것이다. 중요한 것은 순간의 마음가짐이다. 사소한 변화 하나가 모여서 우리의 삶을 만들 수 있다는 그 '긍정적 가능성'을 잊지 않는 것이다.

> "가난해서, 못 배워서, 범죄자라서 안 된다고, 안 될 거라고 미리 정해 놓고 그래서 뭘 하겠어요? 해 보고 판단해야지."
>
> "내 가치를 네가 정하지 마! 내 인생 이제 시작이고 난! 원하는 걸 다 이루면서 살 거야."
>
> '시간이 흐른다. 반복적인 하루. 그리고 7년이 지났다. 시간은 누구에게나 공평하게 흐른다. 하지만 그와 나의 시간은 그 농도가... 너무나도 달랐다.'
>
> — 드라마 〈이태원 클라쓰〉 중에서

ONLY
ONE

사회생활을 잘하는 사람이 사업도 잘한다

자유로운 출퇴근 시간
구애받지 않는 복장
외제차
월 1천만 원 수익

'사업'이라고 하면 흔히 떠오르는 장면들이다. 주변에 사업을 하는 사람이 없더라도 TV나 유튜브에 노출된 장면들을 돌이켜 보면 사업가는 항상 여유로워 보이고 좋은 차를 몰고 다닌다. 성공담 일색인 섬네일 속에 파묻히다 보면 나도 잘할 수 있을 것 같은 도전의 불씨가 생기기도 한다.

'부의 파이프라인을 만들어서 자고 있어도 통장에 돈이 들어온다.'

이 얼마나 흥분되고 멋진 말인가? 관련된 책과 영상들도 정말 많이 있다. 하지만 아쉽게도 실제 사업을 하는 사람 중에서 아무 걱정 없이, 많은 노력을 하지 않아도 돈이 콸콸콸 들어오는 사람의 비중은 극히 드물다. 개그맨들이 먹을 걱정 없이 돈을 많이 버는 것은 대중들에게 유명한 몇몇 스타 개그맨뿐이라고 이야기하는 것과 비슷한 맥락이다.

주변을 돌아봐도 그렇다. 코로나 시류로 주목받았던 아이템으로 성공 가도를 달릴 것 같던 회사도 지금은 존폐 직전의 상황에 놓이기도 하고, 수년간 집중해서 만든 앱 플랫폼이 자본의 위력 앞에서 별반 힘을 써 보지도 못하고 사라지는 경우도 많이 있다.

나도 사업 초반 나라에서 운영하는 센터의 공유 오피스에서 일을 한 적이 있었는데, IT/ICT 청년 기술창업을 장려하는 분위기 속에 많은 사람이 각자의 아이디어와 아이템으로 치열하게 사업화 준비를 하고 있었다. 그중 몇몇과 이야기를 나누게 되었는데, 생각과 다른 모습에 놀란 기억이 난다.

기술적인 측면은 가능성이 있을지 몰라도 소비자 관점에서의 출발이 되지 않은 경우도 많았고, 완성된 사업 모델을 어떻게 마케팅할지도 모르며 그저 생활비에 허덕이는 사람도 있었다.

그러다 보니 사업 모델이 완성되었음에도 세상으로 바로 도전하기보다는 국가에서 사업비를 지원해 주는 패키지에 제출할 사업계획서에만 몰두하고 있는 사람들도 수두룩했다.

겉으로 평안해 보이는 오리가 물속에서는 쉴 새 없이 발을 움직여야 하는 것이 사업이라 하더라도, 핵심은 어느 방향으로 발을 움직여야 하는지가 중요한데 이 부분이 빠진 것 같았다. 그렇게 조건 없는 노력이 모두 보상받을 수 없다는 냉정한 사회의 단면을 경험했던 기억이 난다.

그렇다면 이제 막 사회생활을 시작한 우리가 '현실적으로' 훗날 멋진 사업가가 되려면 어떤 준비를 해야 할까? 복잡할 것 같지만 간단하다. 지금에 충실하되 요령껏 사업에 필요한 덕목들을 계속 레벨업 시키는 것이다.

사업가로서 확실한 아이템을 확보하는 것도 중요하지만, 그 속에는 보이지 않는 수많은 요소가 있다. 크고 작은 의사결정이 일상이 되기 때문에 올바른 판단력과 상황 대처 능력을 필수로 가지고 있어야 한다. 주변과의 커뮤니케이션과 소통 능력도 원활해야 하며, 내 사업을 자신 있게 프레젠테이션할 수 있는 용기와 스피치, 영업과 설득 능력도 필요하다.

무엇보다 일처리 능력이 탁월해야 한다. 단순히 사업자등록증을 내는 것으로 만족하고 끝나지 않으려면, '일당백'은 아니더라도 최소 '일당십'은 쳐낼 수 있다는 실력과 자신감으로 시작해야 간신히 수익이 만들어질 수 있는 것이 초창기 사업의 모습이라 생각하면 크게 엇나감이 없다.

물론 '업'에 대한 경험도 중요하다. 단순한 팩트보다 통찰력을 가지고 있어야 사업 아이템의 발굴은 물론 내 사업 모델만의 포지셔닝을 명확하게 잡아갈 수 있다.

나 역시 외식 프랜차이즈 산업에서 15년 가까이 슈퍼바이저부터 시작해서 영업기획, 프로젝트, 마케팅, 브랜드 매니저, 가맹사업본부장까지 단계적으로 실무를 경험하며 구조를 이해하고 나만의 철학을 만들어 왔기 때문에 지금까지 폐업을 하지 않고 버틸 수 있었는지 모른다. 물론 사업 아이템이 이렇게 꼭 오랜 시간의 경험을 '무조건'적으로 필요로 하는 것은 아니다.

유튜브나 인스타그램 속의 수많은 젊은 인플루언서처럼 바로 성공 가도를 달리거나 많은 돈을 벌 수 있다. 하지만 평생 1인 사업으로 가지 않을 거라면 사업의 확장에 따라 직원 채용도 필요한데, 이때 중요한 것이 '리더십'이다.

조직 운영 경험과 사람의 마음을 얻으면서 조직은 조직대로 발전시킬 수 있는 리더십은 최소한의 경험이나 노력 없이 절대 돈만 있다고 생기지 않는다. 사원을 경험한 사장과 처음부터 사장이었던 사장에 대한 직원 평가가 완전히 다른 이유기도 하다.

그래서 '지금에 최선을 다하되 최고가 되자'라는 나름의 목표를 가지고 회사 생활을 '활용'할 필요가 있다. 다음 단계의 로드맵이 명확한 사람에게는 지금의 회사 생활을 통해 체득할 수 있는 실력과 능력, 경험치에 대한 목표가 분명하다. 매너리즘에 빠지거나 시간을 소홀히 흘려보낼 가능성이 작다. 자기 동기부여가 강하고 빌드업되는 타임라인을 스스로 계획할 줄 안다.

반대로 꼭 사업이 아니더라도 내 목표와 로드맵 없이 회사가 하라는 대로, 내가 맡은 일만 하는 사람들도 있다. 주말만 기다리는 삶. 하루살이 같은 삶. 부정과 불만을 습관적으로 내뱉으면서 새로운 시도에는 관심이 없는 삶. 설사 우리가 그런 하루를 보내 왔다고 해도 괜찮다. 아직 시간은 충분하고 지금부터 변화하면 된다.

사업이라는 것이 정말 매력적인 단어임은 분명하다. 매출 규모나 직원 수를 떠나서 사업을 한다는 것만으로 더 큰 무대에 도전했다는 것이고, 박수받을 만하다. 하지만 사업은 커다란 책임을 떠안아야 하는 일이며, 자신을 본격적으로 증명해야 하는 무대이기도 하다.

그런 관점에서 다음의 보너스 챕터는 우리에게 더없이 중요할 것이다. 사업이라고 해 본 적이 없는 내가 어떻게 3년을 버텨냈는지, 다사다난했던 시간과 노하우까지 날 것 그대로의 경험을 압축시켜 놓았기 때문이다. 추가로 기술력이 없어도 쉽게 도전할 수 있는 '프랜차이즈 창업'에 대한 지극히 현실적인 조언도 전할 마지막 챕터를 통해 간접 경험치를 극대화하길 바란다.

Special
Bonus

창업

프랜차이즈 창업을
준비하는 방법

　프랜차이즈는 이미 우리 생활에 많이 관여되어 있다. 식당부터 술집, 편의점이나 문방구 그리고 코로나 이후 급성장한 무인 매장까지. 아는 듯 모르는 듯 우리의 생활은 프랜차이즈와 밀접한 관계를 맺고 있다.

　창업도 마찬가지다. IT나 기술창업, 플랫폼 사업이나 제조업 등의 특화된 창업 아이템이 없다는 것은 이 좁은 땅덩어리에 약 1만 2천여 개의 프랜차이즈 브랜드가 있다는 것으로 달리 표현할 수 있다. '기승전치킨집'이라는 말이 괜히 나온 것이 아니다.

　청년창업, 취업보다 창업, 1인 창업, 사원 대신 사장.

　평생직장 시대는 이미 지났고, 고물가 저금리 시대 속에 회사에 다니거나 취직에 올인하는 것만이 능사가 아니라고 생각하는 젊은 예비창업자들이 늘고 있다. 나 역시 프랜차이즈 창업 박람회 강연을 하거나 창업 교육 프로그램에 나가보면 체감될 정도로 젊은 층의 비중이 높아지고 있는 것을 느끼고 있다. 유튜브 촬영을 위해 현장을 방문하면 가맹점주의 연령대도 매우 젊어졌다는 것을 알 수 있다.

회사원을 하다가 수제버거 가맹점을 개점한 가맹점주부터 30대 초반의 나이에 프랜차이즈 횟집 아르바이트로 시작해서 족발집 사장님이 된 가맹점주, 부모님의 도움을 얻어 회사 생활을 하지 않고 바로 사업에 뛰어들어 다점포를 운영하는 가맹점주까지, 물론 실패 사례도 많지만 굉장히 젊어지고 다양해진 것은 사실이다.

취업 대신 창업을 선택하는 사람들은 크게 두 갈래로 나뉜다. 20대부터 창업의 목표를 정하고 엄청나게 부지런히 초기 투자금을 모아서 작은 매장에서부터 성장하는 자수성가 유형이 있는가 하면, 부모님의 도움을 받아서 가맹점을 차린 뒤 수익을 계속 쌓아서 돈을 갚고 스스로 자립하며 사업을 유지·성장시키는 사람도 있다.

창업자금을 어떻게 확보하든 간에 더 체계적인 준비를 하려면 자본금을 모으는 과정부터 미리 프랜차이즈 창업을 알아보기 시작해야 한다. 내가 하고 싶은 아이템이 무엇인지, 그 아이템을 좋아하고 잘할 수 있는지 자신을 스스로 매칭시켜야 한다.

그리고 트렌드나 시장 조사를 통해 업종을 압축하면서, 그 브랜드의 가맹점을 차리기 위해 실제로 필요한 비용을 근사치로 조사해 봐야 자금 준비나 시기에 대한 액션 플랜을 구체적으로 설계할 수 있다.

업종을 압축하고 브랜드 후보군을 추리는 과정에 들어서게 된 다음에는 프랜차이즈 가맹본부를 파악하는 것이 중요하다. 강연을 통해 종일 떠들 수 있는 주제를 여기에 함축해서 담기에는 어렵지만, 확실하게 전하고 싶은 핵심은 '프랜차이즈 창업은 연애가 아니라 결혼이다'라는 사실이다.

연애할 때는 상대방에게만 집중해도 되지만 결혼하면 집안과 집안의 만남이라는 것이 체감되는 것처럼, 겉으로 보이는 브랜드의 모습만 보고 창업 이후가 되어서야 그 브랜드를 운영하는 가맹본부의 역할이 얼마나 중요한지 깨닫기 때문이다.

가맹계약을 하는 것은 본인이 주체가 되는 일이다. 그것은 가맹계약을 하면 물릴 수 없다는 뜻이고 시간을 되돌릴 수 없다는 경고가 된다. 하지만 안타깝게도 많은 사람이 제대로 된 준비 과정 없이 급박한 본인 사정에 따라 성급하게 브랜드를 선택하는 경우가 대단히 많다.

그래서 가맹계약 전의 단계에서는 최대한 입체적으로 브랜드를 알아보는 것이 중요하다. 오프라인 아이템이라면 해당 브랜드에 최적화되고 수익 시뮬레이션 지표가 안정적으로 나오는 매장 입지와 상권을 선택하는 것 역시 많은 공부가 필요한 영역이다.

또 하나의 팁을 전하자면, 미리 창업을 희망하는 브랜드의 가맹점이나 직영점에서 아르바이트하는 것도 아주 좋은 방법이다. 실제로 현업에 있을 때 몇몇 가맹점주가 그런 과정을 거쳐 창업하였고, 그중에서 장사가 안 되는 사람은 아직 본 적이 없었다.

확률 게임일 수 있지만 그만큼 철저한 준비와 확신을 두고 창업하였다면 운영은 두말할 나위도 없다는 뜻이다.

내 소중한 자금을 투자하는 일생일대의 큰 도전이 될 수 있는데 미리 브랜드도 파악하고, 월급을 받아 가며 나 스스로 가맹점주로서의 체질로 변화시켜 놓는다면 얼마나 좋은 일인가?

직접 해 보고 나서 가맹계약을 하지 않겠다고 결심해도 괜찮다. 큰 기회비용을 세이브한 것일 수도 있기 때문이다.

프랜차이즈 가맹점을 창업한다는 것은 빠른 부의 축적이 가능하다는 장점이 있다. 자신을 '사장'이라는 실전 무대에 세워 놓을 수 있다는 인생 기회적인 가능성이 있음도 명확하다.

하지만 서두에 언급한 브랜드 수만큼 어떤 브랜드를 어떤 과정을 거쳐 선택할 것인지, 그리고 내가 어떻게 다사다난한 과정들을 거치며 가맹점을 운영해 나갈지가 너무나 중요한 '인생 게임'이기도 하다.

프랜차이즈 가맹점이 우리의 생활 반경 속에 많이 있다는 이야기는 다르게 이야기하면 언제든 우리의 가족이나 소중한 사람이 도전할 수 있다는 뜻이 된다.

우리 역시 프랜차이즈 창업을 통해 더 빨리 경제 활동에 대한 자유의 폭을 넓힐 수 있다. 반면에 책임져야 하는 사람과 상황이 많다면 가맹점 운영에 실패할 경우 자칫 큰 시련을 감당해야 할 수도 있다.

세상에 '무조건'은 없다. 우리에게 성공의 에너지가 다가올 수 있게 만들면 된다. 주위의 실패 사례나 프랜차이즈에 대한 일부 부정적 편견만 가지고 답을 정해 버리지 말자. 꼭 그것을 프랜차이즈 창업이라고 국한하지 않아도 마찬가지다.

어차피 '기승전치킨집'이라면 내 열정과 체력이 한창일 때 치밀하게 준비해서 도전하는 것도 나쁘지는 않다. 위기와 기회는 언제나 동전 하나 차이로 온다. 프랜차이즈 창업도 그중 하나일 뿐이다.

1인 창업을 준비하는 사람이
꼭 봐야 하는 글

1인 창업을 준비하는 사람들이 생각 이상으로 많다. 개인적으로는 환영하고 응원한다. 결심하고 행동하기까지가 어렵다는 것을 알기 때문이다. 우리도 언젠가 도전할지 모른다.

나는 2019년 가을 퇴사하고 나서 한 달 동안 아무도 만나지 않았다. 사업을 준비한다기보다는 방전된 내 마음 에너지 충전을 위해서였다. 다시 재취업을 해야겠다는 생각은 없었다. 그만큼 가맹사업본부장의 역할을 하면서 더는 없다고 생각할 정도로 쏟아부었기 때문이다. 더 이상의 조직을 만나기도 쉽지 않다는 것을 본능적으로 알고 있었다.

무엇보다 재취업의 생각이 나에게 선택지가 되어 절실하게 사업을 준비할 때 방해되는 장애물이 되는 것이 싫었다.

퇴사하면서 다양한 고지서와 안내 문자를 받았다. 월급에서 알아서 빠진다고 생각했던 건강보험료의 고지서를 바라보며 이제 진짜 실전이라는 느낌이 확 와닿았다. 회사라는 보호막이 걷힌 느낌이었다. 내가 정말 세상에 나왔음을 느꼈다. 마음이 조급해지기 시작했다. 그 당시만 하더라도 뚜렷한 사업 모델로서의 확신조차 들지 않았던 때라 매일 불안함과 싸워야 했다.

당연한 것이 없었다. 회사에 들어가면 당연하게 생각했던 업무용 컴퓨터, 명함 그리고 사무실이 그랬다. 무자본 창업이 '0원 창업'을 의미하지 않음을 깨달았다. 서울 안의 공유 오피스는 염두에 두지 않았다. 당시 수익이 없던 내가 매월 지급하기에는 비용도 비쌌지만, 또다시 출퇴근에 시간을 낭비하고 싶지 않았다.

최대한 집 근처의 사무실을 찾았다. 비용은 서울 오피스의 1/3 이었지만 자리가 없었다. 그러다가 간신히 집에서 차로 10분 거리에 있는 월 30만 원의 소호 사무실 자리를 구했다. 평수라고 할 것도 없이 책상과 의자를 놓으면 더 이상의 공간은 없었다. 햇빛이 전혀 없었고, 좁다 보니 금방 건조해져 겨울 목감기를 달고 살았다.

그래도 일할 수 있는 나만의 자리가 있다는 것이 행복했다. 회사에 다닐 때는 커지는 직책만큼 책상과 자리도 그러했지만, 지금은 내가 일할 수 있는 자리가 있다는 것에 그저 감사했다. 당연한 것이 없다는 것을 다시 한번 느꼈고, 매일 출근할 때마다 사무실 크기는 사업의 크기와 비례하지 않다고 속으로 되뇌었다.

'자영업자 사장님들을 위한 SNS 광고'로 사업 방향을 잡았다. 달력에서 손 없는 날을 찾았다. 2020년 1월 3일 손 없는 날, 내 인생 첫 사업자등록증이 나왔다. 자유인(?)이 된 지 3개월이 지난 시점이었다.

생활비와 사업 자금이 섞이면서 지출은 더 빨라졌고, 이래저래 돈 나갈 곳이 많았다. 매출 개시가 필요했다. 판촉을 위한 A4 전단을 직접 만들었다. 거짓말 같겠지만 새벽에 일어나서 동네 상권 상가 주택 매장들 입구에 전단을 붙이고 다녔다.

그러던 어느 날 조개 전골집 사장님께서 직접 전화를 주셨다. 현장 상담을 하는 순간은 너무나 긴장되었고, 준비한 자료와 방향을 논의하고 난 뒤 진행이 확정되었을 때는 정말 기뻤다.

나중에 알고 보니 이미 여러 광고를 알아보았던 상황이었지만, 전단을 보고 바로 결심하였다고 하니 그저 감사할 뿐이었다.

사업자등록증에 잉크가 마르지 않은 초짜 사업자였지만 (난 아직도 나를 사업가로 부르지 않는다) 금방 포기하고 싶지 않았다. 가장으로서의 책임감도 있던 나를 바로 세우기 위해 항상 마음에 품었던 몇 가지 키워드가 있다.

○ **시간**

1인 창업이니 내 마음대로 시간을 보내는 것에 대한 자유를 기대할 수 있겠지만, 사업의 비즈니스 모델과 매출 구조가 확실하지 않은 초기에는 시간 관리를 어떻게 하느냐가 매우 중요했다. 철저하게 본인의 시간을 책임져야 했다.

매일 새벽 5시에 일어나서 바로 사무실로 출근했다. 새벽형 인간이라 남들 출근하는 9시까지 집중해서 포스팅도 쓰고, 사업 모델을 계속 뜯어고쳤다.

잠을 줄이지는 않았다. 대신 눈 떠 있는 시간의 효율을 최대한 높였다. 과장을 보태서 '시간을 분자 단위까지 쪼개서' 써야 한다고 생각했다. 1인 사업을 하면서 시간을 내 친구로 만들지 못하면, 언젠가 나에게 참혹한 철퇴를 내리는 심판자가 될 수 있다. 중간은 없다.

○ 외로움

괜히 사업을 시작했다고 해서 미팅부터 잡거나 사람들을 만나고 다니지 않았다. 나를 아마추어로 만드는 일이라 생각했다.

스스로 이해할 수 있을 정도로 확신이 생길 때까지 되도록 외부 일정을 잡지 않았다. 사업 모델에 대한 구성을 마친 뒤에는 나만의 콘텐츠를 쌓아나가는 것에 집중했다.

검색했을 때 보일 수 있는 글부터 명분이 담긴 명함 제작 그리고 서비스 소개서를 만드는 일까지 집중해서 만들어 나갔다.

당시 대학원 일 년 선배가 유튜브 채널을 운영하고 있었는데 용기 내서 출연 요청 제안서를 만들어 보내기도 했다. 그렇게 나라는 사람과 내 사업 모델에 대한 포지셔닝을 위해 입체적으로 점검하고 노력했다.

모든 과정을 스스로 해야 했다. 일상의 대부분은 나 혼자 있는 시간이 많았다. 철저하게 외로움과의 싸움이었다. 회사에 다닐 때 매월 실적이 중심이 된 월간회의를 떠올리며, 사무실 앞의 노가리 집을 찾았다.

혼밥은 많이 해 봤지만 혼술은 그때가 처음이었다. 혼자 맥주와 땅콩을 시키고 사업노트를 가지고 가서 한 달을 리뷰하고 스스로 격려해 주었다. 혼잣말도 한 것 같다. 지금 생각해 보니 노가리 집 사장님께 괜히 죄송한 마음이 든다.

사업이라는 단어의 화려함에 취하면 절대 안 된다. 외로움을 통제하고 친구로 만들 줄 알아야 한다.

○ 책임감

'내 주위에서 일어나는 일에 대한 모든 책임은 100% 나에게 있다.'

20대 중반부터 약 10년 정도 가지고 있었던 내 좌우명이었다. 스펜서 존슨의 《선택(청림출판, 2005)》이라는 책에서 영감을 받은 구절이었는데, 찬찬히 뜯어보니 단점이 있었다. 책임감은 스스로를 엄청나게 강하게 단련시키지만, 자신을 힘들게 만드는 것 역시 책임감과 비례해서 강해진다는 것이었다.

30대 중반이 되니 이 좌우명이 자신을 스스로 지나치게 옭아맨다고 생각했고, 다음 단계로의 메시지가 필요하다고 판단되어 지금의 좌우명인 '긍정적이고 선한 영향력이 있는 사람이 되자'로 바꾸었다.

영업은 비교도 안 될 정도로 사업은 결과에 대해 온전하게

100% 책임을 질 줄 알아야 하는 정직한 녀석이었다. 탓하는 것은 의미가 없었고 변명은 아무짝에도 쓸모가 없었다. 통제나 규율이 없다 보니 마음만 먹으면 얼마든지 늘어질 수 있고 온갖 이유를 붙이며 쉴 수 있었다.

하지만 그렇게 하지 않았다. 퇴사한 이후 세상에 홀로 서 있는 느낌을 생생하게 기억하고 있기 때문이다.

거의 2년 반 정도를 1인 기업으로 보냈다. 비즈니스 모델은 계속 수정되었고, 주력 서비스와 목표 고객층도 변화하였다. 물론 창문 없던 작은 소호 사무실은 몇 단계를 거쳐 나만의 작업실로 커졌다.

사업 아이템 역시 명사형이 아니라 동사형이 되어야 한다는 것을 여러 번 깨달았다. 계속 의구심을 품고, 업그레이드해야 했다. 혼자서는 한계점이 왔다고 여러 번 느꼈을 때 지금의 소중한 직원들을 만났고, 리더로서의 새로운 경험을 계속 쌓아가고 있다.

기쁜 순간들도 많이 있었지만 힘든 순간들도 상상 이상으로 많았다. 외부적인 상황뿐만 아니라 내 감정과도 많이 싸워야 한다. 사업 초반에는 단 하나도 사소한 것이 없었다. 달리 이야기하면 그만큼 내가 미처 몰랐던 변수도 많다는 것이고, 매 순간이 우리를 자극하는 시험대가 될 수 있다는 것이다.

사업은 단순히 매출이라는 표면적 숫자로만 해석되지 않음을 깨달은 지금, 여전히 나는 내 선택을 후회하지 않는다. 엄청 돈을 벌지도 못했고 빡빡한 일정들로 가득 차 있지만, 그 자체로 매일 감사하고 있다. 내가 가진 명분과 사명은 3년 전이나 지금이나 여전히 똑같고, 내 사업은 아직 결과로 평가할 수 없는 과정 한가운데에 있다는 것을 잘 알기 때문이다.

누군가 내게 "창업을 하는 것을 추천하는가?"라고 물어본다면, 적어도 지금의 나는 이렇게 이야기할 것 같다.

"직장인과는 전혀 다른 삶의 시작이 두렵지 않다면,
도전하지 않는 것에 대한 후회가 더 클 것이라 확신한다면,
일단 첫 삽을 떠도 된다고 생각합니다.
성패를 떠나 온 힘을 다해 최선을 다하며 도전하는 자체가
훗날 인생의 큰 씨앗이 될지 아무도 모르는 것이니까요."

사업노트의 비밀

야구에서 가끔 투수에게 '공이 정말 지저분하다'라는 말을 할 때가 있다. 얼핏 보면 비난 같지만, 사실 최고의 구위를 가지고 있다는 칭찬이다.

예전에 MLB에서 활약했던 김병현 선수도 '저렇게 더러운 공을 던지는 선수는 퇴출해야 한다'라는 타자들의 립서비스 농담을 듣기도 했다. 직접 관련은 없지만 내게도 지저분한 무기가 있다. 언제나 애지중지 들고 다니는 '사업노트'가 그렇다.

회사에 다닐 때 내 책상에는 이면지를 모아놓은 클립보드가 항상 있었다. 품의서를 써야 할 때나 직원들을 대상으로 중요한 회의를 하기에 앞서 늘 메모를 끄적이며 내 생각을 먼저 정리했다. 프로젝트를 도식화해 보고 스스로 납득이 되면, 그것을 화이트보드 판에 붙여 놓고 직원들에게 이해하기 쉽도록 풀어서 설명하고는 했다.

그 습관은 사업을 준비할 때도 이어졌다. A4 유선 스프링노트를 사서 매일 빡빡하게 더럽혔다. 나중에 보기 편하게 맨 위에 날짜와 주제를 써놓고 관련 내용들을 한 장 한 장 메모해 나갔다.

포스팅 쓰기에 앞서서 개요를 스케치하는 것부터 서비스 상품 책정을 위한 계산, 동기부여를 위한 셀프 메시지까지 모두 메모하였다.

가끔 당장 힘이 들거나 답답함이 몰려오면 1년, 3년 뒤의 긴 시간에 대한 로드맵을 낙서하듯 그리며 스스로 비전과 이유를 찾아주려고도 애썼다.

사업을 본격적으로 시작하면서부터 사업노트는 외부 미팅에도 늘 함께했다. 항상 미팅 전에 상대방을 이해하기 위한 서칭 포인트를 메모하였고, 이야기할 내용이나 궁금한 사항을 미리 작성해서 갔다. 미팅에서도 즉석에서 나오는 주요 이야기들은 다른 색상의 펜으로 메모했고, 미리 준비한 질문으로 질의응답을 하다 보면 웬만해서 놓치는 것이 없는, 밀도 넘치는 미팅을 하게 된다.

물론 처음에는 약간 허름해 보일 수 있는 노트를 꺼내면 알쏭

달쏭 표정을 짓는 상대방도 있었다. 하지만 노트북을 열어 놓고 모니터와 얼굴을 왔다 갔다 하는 것보다 훨씬 자연스럽게 서로에게 몰입하는 경험을 하고 나면 노트에 대한 눈빛이 달라지는 것을 여러 번 경험했다.

사업노트 외에도 내게는 지저분한 무기가 몇 가지 더 있다.

그중 하나가 개인 카톡방이다. 정말 지저분하다. 앞서 소개했던 목욕탕 에피소드도 마찬가지고, 길을 걷다가 생각나는 아이디어가 있으면 무조건 입력하고 본다.

우연히 확인한 좋은 마케팅 글이나 나중에 제대로 봐야겠다는 생각이 드는 유튜브 영상들의 링크도 일단 내 카톡 창으로 보내 놓는다. 직원들에게 공유하고 싶은 메시지, 글귀가 보이거나 오늘 잊지 말고 해야 할 업무 리스트도 마찬가지다.

가끔 고속도로 운전을 하다가 생각이 떠오르면 입력이 어려우니 음성메시지로 녹음해 놓기도 한다.

그렇게 모은 내용들은 매일, 그리고 일주일에 한 번씩 스크롤을 올리며 되돌아보았다. 업무 전환이 필요한 것들은 사업노트로 옮겼고, 공유나 실행이 필요한 것은 바로바로 처리해 나갔다. 그리고 처리한 내용은 지웠다. 지금도 계속 개인 단톡방을 관리하고 있다.

사진을 담는 습관은 더 지독해졌다. 프랜차이즈 콘텐츠 마케팅 사업을 시작하면서 스마트폰 스크린샷(화면 캡처)을 하는 빈도가 높아졌다. 동종 업계 광고 소재가 보이면 무조건 스마트폰에 손날을 휙, 인사이트 있는 이미지나 메시지가 보이면 무조건 휙, 눈에 잘 들어오는 유튜브 섬네일을 보면 또 휙.

계속 화면을 캡처했고, 보름에 한 번씩은 컴퓨터로 파일들을 옮겼다. 옮긴 파일들은 '직접 찍은 사진', 'SNS 광고', '네이버 디스플레이 광고' 등의 폴더에 각각 넣어놓았다. 그리고 한 달에 한 번씩은 그 파일들을 훑어보며 인사이트를 찾기도 하고 좋은 점은 배우고 흡수하거나 응용해 보기도 한다.

사업노트나 카톡방, 스마트폰 활용 모두 형태만 다를 뿐 동일한 메모의 성질을 갖고 있다. 메모는 회사에 다닐 때나 사업을 할 때 정말 큰 힘을 발휘한다.

메모를 통해 한 명이 두 명이 될 수가 있고, 메모를 통해 다시 나를 일으켜 세우기도 한다. 지금부터 메모하는 습관을 들여야겠다는 결심을 했다면, 이 책을 산 본전은 뽑았다고 확신한다.

　　고급노트든 스프링노트든, A4든 B5든 상관없다.
　　지금 바로 우리만의 노트를 열고 무엇이라도 써 보자.
　　혹시 알까? 일 년 뒤 그 노트가 둘도 없는 조력자가 될지 말이다.

死업을
하지 않으려면

"이 사업노트는.. 한 권당 1억의 가치가 있습니다."

(이어지는 청중들의 박수 소리)

그렇게 꿈에서 깨어났다. 소박한(?) 꿈을 가진 사업노트는 이제 막 3년을 채운 사업자의 모든 것을 담으며 어느새 10권이 되었고, 작업실 책장에 전시되기 시작했다.

운이 좋게도 사업 매출은 매년 증가해 왔다. 하지만 아직도 시행착오를 계속 겪고 있으며, 늘 결정해야 하는 일과를 보내고 있다. 가끔 만나는 친구들은 내가 돈을 엄청나게 버는 것으로 생각하지만, 사업 초기에는 하루하루가 '생존'하는 것이 목표였다. 폐업하지 않아야 한다는 자기 세뇌에 빠질 정도로 절실했다.

손이 많이 가는 프로젝트나 외부 강의도 취지가 좋으면 페이를 물어보기도 전에 덥석 함께한다고 하였다. 어떻게든 도움을 줘야 한다는 생각이 워낙 강한 탓에 스스로 가성비를 낮추기도 했다.

그러다 보니 시간이 흐르면서 '매출 대비 이익률'이 사업을 오래 유지하는 코어라는 것을 체감하게 되었다. 물론 지나간 시간에 연연하거나 후회하는 것보다 당장 행동하는 것이 훨씬 낫다고 생각하기에 그전까지의 과정을 헛된 시간이라 생각하지는 않는다.

이익을 내는 회사가 되어야 내가 하고자 하는 일을 더 오래 할 수 있음을 절실히 깨달은 것은 직원을 채용하면서부터였다. 단 한 명이라고 하더라도 직원을 둔다는 것이 얼마나 큰일인지 느끼게 되었다.

그들의 인생에 대한 책임감 덕분에 잠을 설치는 시간이 많아진 만큼 함께 성장하고 즐겁게 일할 수 있도록 더 많은 애정과 노력을 쏟고 있기도 하다.

사업은 장기전이다. 체력 없이는 내일이 없다. 체력이 떨어지면 멘탈도 쉽게 흔들리고, 시간대에 따라 업무 효율이 요동을 친다. 내가 원해서 하는 사업임에도 이어지는 스케줄에 스스로 버거워하기도 한다.

특히나 외식 프랜차이즈 산업이 주요 사업 분야이다 보니 많

이 먹어야 했다. 스쿼시와 헬스, 주짓수도 다니고 있다.(그럼에도 잘
안 빠진다. 큰일이다)

　그중에서도 무엇보다 중요성을 강조하고 싶은 것은 앞에서도
계속해서 이야기하고 있는 '왜Why'다. 내가 왜 사업을 하고 있는
지를 늘 자신에게 물어봐야 한다. 그래야 사업의 방향과 내가 무
엇이 되고 싶은지가 일치할 수 있다.

　내 자체가 콘텐츠가 되고, 이를 통해서 오랜 시간 건강하게 사
업을 영위할 수 있으려면 목적과 명분이 명확해야 한다. 또 엇박
자가 나거나 가치에 맞지 않는 일을 해서는 안 된다. 그렇게 일의
명분과 방향을 자주 동기화하였다.

　사업, 말은 정말 멋지다.

　겉은 우아한 백조처럼 보일지 몰라도 물속에서는 죽을 각오
로 헤엄쳐야 한다. 화려해 보이는 명함만큼 외로움과 어려움도
많다. 하지만 얻는 것 또한 많다. 상황과 경험, 사람을 얻을 수 있
고, 다른 모습의 나를 발견할 수도 있다.

　사업자등록증 발급과 함께 폐업 신고하지 않고 싶다면, 지금
새로운 도전과 삶을 계획하고 있다면 '왜Why'를 먼저 새겨 보자.

- 내가 왜 퇴사하려고 하는지
- 내가 왜 창업하려고 하는지
- 내가 왜 살아가야 하는지

그런 다음 목표와 결과를 구체적으로 그려 보고 메모해 보자. 그리고 일주일 뒤, 한 달 뒤 다시 그 메모를 열어 보았을 때 여전히 같은 마음이라면 그때는 시작해도 좋다.

새로운 시작을 나 또한 늘 마음 깊이 응원할 것이다.

나의 '진실의 방'으로
초대합니다

10년 전만 하더라도 사업을 할 것이라고 생각하지 못했다. 내 이름으로 된 책을 낸다는 것은 꿈도 꾸지 못한 일이었다. 사업이라는 것은 내가 접근하기에는 너무 큰 세계라 단정지었고, 책은 정해진 작가들만 쓰는 것인 줄로만 알았다.

지극히 평범한 나였지만 직장인으로서 참 다양한 경험을 했다. 맨몸으로 시행착오를 겪어가며 다사다난했던 실무의 중심에서 있었다. 조금이라도 돋보이는 것이 있으면 시기 질투도 받았었고, '편하게 하라'는 말속에 숨겨진 평범함을 강조하는 조언 아닌 조언도 많이 받았었다.

2012년 여수엑스포가 개최되었을 때 식음 매장 프로젝트를 혼자 준비한 적이 있었다. 행사가 진행되는 당시에는 여수에 계속 있었고, 프로젝트가 영향받지 않도록 감정을 죽이고 이성적으로 역할에만 충실해지려던 어느 날, 마음이 무너지면서 대낮에 매장을 뛰쳐나와 여수 바다 앞에서 홀로 엉엉 운 적이 있다.

이직 일주일만에 내 판단을 후회하고, 업무 시간에 소리 없이 회사를 뛰쳐나와 눈물을 흘렸던 적도 있다. 가끔 생각한다. 만약 그때 내가 마음 터놓고 이야기하고 조언받을 수 있는 멘토가 있었으면 어땠을까 하는.

그것이 출판을 결심한 이유였다. 멘토가 그리운 시대에 사는 사회초년생이 가지고 있는 마음의 무게, 부담을 덜어 주고 싶었다. 라떼나 잔소리가 아닌 공감의 언어로 어루만져 주고 싶었다. 술 한 잔을 앞에 두고 편하게 고민 상담을 들어주는 장면을 상상하며 글을 썼다.

집필하는 시간 동안 이 책은 나에게 '진실의 방'이 되었다. 여러분에게도 마음이 편해질 수 있는 공간이 되었으면 한다. 별반 내세울 것 없는 나조차도 이렇게 열심히 살고 있다는 것에 힘을 받았으면 좋겠다. 외롭지 않았으면 좋겠고, 결과에 힘들어하지 않았으면 좋겠다.

우리의 인생은 이제 시작이고, 반드시 우리가 원하는 삶을 살게 될 것이다. 자신을 믿는 것에서부터 그 삶은 시작된다. 자기 자신을 어루만져 주고 칭찬해 주는 것으로 이 책의 마지막 장이 덮였으면 하는 바람이다.

아직 스스로 '사업가'가 아닌 '사업자'라고 부르는 나 또한 계속 현재 진행형으로 발전해 나가며 부끄럽지 않은 인생 스토리를 써 나갈 것이다. 다시 만날 때까지 몸과 마음 모두 건강하게, 잘 지내길 바란다.

마지막으로 나의 작은 바람을 알아봐 주시고, 집필의 과정에 힘이 되어준 북스고 출판사 식구분들과 사랑하는 가족, 소중한 나의 사람들 모두에게 감사 인사를 전한다.

늘 행복과 행운이 깃들기를.
늘 영광이 함께하기를.

온리원 프로젝트

펴낸날 초판 1쇄 2023년 3월 31일

지은이 김현

펴낸이 강진수
편 집 김은숙
디자인 임수현

인 쇄 (주)사피엔스컬쳐

펴낸곳 (주)북스고 **출판등록** 제2017-000136호 2017년 11월 23일
주 소 서울시 중구 서소문로 116 유원빌딩 1511호
전 화 (02) 6403-0042 **팩 스** (02) 6499-1053

ISBN 979-11-6760-044-8 03320

책 출간을 원하시는 분은 이메일 booksgo@naver.com로 간단한 개요와 취지, 연락처 등을 보내주세요.
Booksgo┛는 건강하고 행복한 삶을 위한 가치 있는 콘텐츠를 만듭니다.